日常的歷史
歷史的日常

如果各位看過電影「電流大戰」（The Current War），那麼一定對愛迪生（Thomas Edison）與威斯汀豪斯（George Westinghouse，或譯成西屋）兩人之間的電力大戰，印象深刻。各位對愛迪生一定不陌生，大家可能會想起他是電燈泡的發明者，或是留聲機的發明者。不過，精確一點地說，愛迪生是改良了電燈泡，而不是發明電燈泡的人。愛迪生的改良在於尋找出耐熱的燈絲，而使得電燈可以長時間使用。威斯汀豪斯是劇中另一位大發明家，美國著名的「西屋公司」就是由他所創立的。在愛迪生和威斯汀豪斯之前，點燃電燈用的是煤氣（天然氣），在傳輸能源上很不方便。要讓電燈可以普及到每一個家戶當中，如何改善能源的傳輸是最大的關鍵。電影的終結是威斯汀豪斯攜手

特斯拉（Nikola Tesla）打敗了愛迪生，關鍵在於特斯拉提出使用交流電，減損電力的損失。

講述愛迪生與特斯拉之間的電流大戰，不是要各位複習物理課本中的電磁現象，而是要說明日常生活中的很多事物，並不是憑空出現而來，而是在時間之流中，慢慢地發展而來。就如同「電」這種變革性的發明，要能夠進入日常生活為我們所用，它會先變成是一種產品，之後才能變成商品。這正是學習歷史的迷人之處，日常生活中處處可見歷史的痕跡。歷史不會告訴你為什麼一輛特斯拉的電動車要價如此昂貴，但卻會讓你知道為什麼世界第一大品牌的電動車要取名為特斯拉。歷史不會告訴你一輛保時捷的 300 匹馬力，究竟從 0 到 1 秒加速有多快？但歷史會告訴你為什麼是

「馬力」，而不是叫「牛力」或其他動物之力？這是為什麼這本書選擇了四項與日常生活相關的事物：社群媒體、衛生、牛仔褲和鐵路，分別用來對應講述探究與實作的主題。

　　第一堂的「社群媒體」要對應的是「為什麼學歷史」。網路世代的「新」媒體，與過去的「舊」媒體在組成理念沒有什麼大的差異。當代世界的種種嶄新事物，不必然是憑空出現的發明，我們泰半可以在歷史當中尋覓到相關的連結。古代的社群媒體與當代的社群媒體一樣，都是以個人作為交換訊息的起點，再往外擴展至更大的範圍。兩者之間最大的差別在於訊息傳遞的快慢。「過去」的很多事物，還會在「現在」繼續發揮作用。歷史的時間和物理的時間是不同的。物理的時間就如同手錶的指針一樣，是一種「過去→現在→未來」直線發展的情況。相反的，歷史的時間不必然是直線發展的，我們人類是面向過去而生的動物，很多時刻我們是面對著遙遠的「過去」，思索「現在」的難題，才能往「未來」邁進。談到物理時間的感覺，相信大家在 2020 和 2021 年感受特別深刻。因為城市分級封鎖之故，連外送食物都要被延遲一兩個小時。假如你的生理時鐘是一個晚上六點要進食晚餐的人，因為城市封鎖之故，你會提醒自己要在五點甚至是四點半就提早訂餐，一旦到原本的用餐時間才開始滑手機選餐廳，那送到你手上的晚餐，已經是七點或七點半了。因為外在疫情影響了你本來的時間感覺，會讓你改變以往的習慣。當疫情結束後，這些物理時間會恢復常軌運行，但歷史的時間勢必要留下一筆。新冠肺炎會如同 B.C.、A.D. 這些紀年一樣，成為 Post Covid-19 Era（後新冠時代），在人類歷史上留下永恆的遺跡。這是第二堂的內容「衛生」要告訴我們的事。衛生不僅是個人的「保衛生命」，還涉及到群體的邊界問題。它指的是人們應該在各種日常情境中，刻畫一道道界線，標誌出能做與不能做的範圍，以避免自己影響甚或破壞他人或群體的健康與安全。保持「社交距離」是群體的衛生，時時刻刻在觸摸物品後，用酒精消毒

則是個人的衛生。個人清潔和衛生觀念，就與公共衛生狀況密切相關。這一堂要對應的是探究與實作的「史家與史料」。對應著「衛生」的歷史，本堂特別選用了文本和物質兩種類型的歷史資料。結合兩種類型的歷史資料，讀者可以看到「衛生」在文字、論述、抽象的思想觀念、物質與行為實踐這些不同層面的身影和蹤跡。

第三種日常生活的事物是「牛仔褲」。這一堂要談的是牛仔褲的跨界旅行。所謂的跨界一方面是指社會階層的分界，另一方面則是指地理的國界。牛仔褲本是設計給勞動階層穿著的工作服，爾後搖身一變成為普羅大眾流行的褲裝，後來牛仔褲還成為青年男女反抗和抗爭的符號。從美國輸出的牛仔褲，穿越了日本來到臺灣，展現戰後美國文化全球擴展的軌跡，也反映臺灣本地如何吸納外來的物質和文化。這一堂要對應的是「史家與歷史解釋」。我們如何將牛仔褲視為一個全球化的案例，進而解釋它在起源地和後進接受國的發展過程。全球化將不同空間的人們帶入一個相同的

時間感，同潤共享牛仔褲的文化意涵。牛仔褲在美國社會誕生與變化的歷程及其在近代東亞地區的流行和再製是本堂的兩條線索。本書的第四堂是「鐵路」，對應的是「歷史的觀點與爭議」。當鐵路第一次在歐洲出現時，給人們帶來史無前例的感受，更新了人們對時間的感覺。因為要搭乘火車的關係，人們必須提早到站等候火車的到來，這使得人們發展出「守時」的習慣，也因為火車時刻表的出現，讓人們對於生活中的時間劃分更加細緻，嚴格的時間表出現在人們的生活當中。當這個巨大的噴氣怪物進入中國時，引起了正反兩方的激烈辯論。這兩方的辯論起點都是建立在同樣的基礎之上，支持和反對鐵路的陣營，用的都是同一套說帖，差別在於立場的不同。我們從這裡可以看出每項歷史觀點的背後，都帶有發言者自身的立場，沒有孰優孰劣的分別。對歷史的觀點與爭議進行對錯的判斷，並不是一件容易的事，也不是一件必要之事。我們要做的是回到歷史的現場，思考當時的人為什麼會提出這樣的觀

點，會進行這樣的論辯。

各位可能會有疑惑，為什麼要學習「探究與實作」的課程？學習歷史學的「探究與實作」似乎無法對實際的生活，提供什麼實質的幫助。這是因為太過於著眼於尋求「解決之道」（solution），希望從歷史得到立即的解答，歷史學當然會被大家視為是一門無（法）（實）用的學問。因此，近年來大家會聽到一種說法：歷史學的「無用之用」（the usefulness of useless）。倘若我們轉換一下視角，將 "solution" 看成是「溶液」，一種用來結合兩種物質的液體。那麼，大家就可以想像經濟史是「經濟」和「歷史」的連結、性別史是「性別」和「歷史」的連結，諸如此類。這樣一來，歷史就會成為輔助大家觀察長期經濟現象的幫手，而不是試圖預測未來的 AI 機器。這就涉及到本書的最後一堂「史家如何寫歷史？」。在這一堂中，書寫歷史的方式與你思考歷史的方式一樣，歷史學家會圍繞著歷史事件的前因後果，試圖追問五個問題，通稱為 5 個 W：「何人」、「何事」、「何時」、「何處」與「為什麼」（Who、What、When、Where、Why）。歷史學家展開寫作前，必須預先擬定問題，這會引領作者從人物、事件、時間、地點或因果關係的角度切入，而這 5 個問題多半是交互出現在寫作過程中。這也意味著，歷史學家是穿梭於不同角度、面向，來思考與描寫某段特定的歷史經驗。仔細想一想，這跟許多工作的標準程序一樣。舉例來說，一位新創公司的創辦人要去跟天使投資人報告。這位創辦人得要思考投資人是什麼個性的人？自己的產品有什麼利基？應該在什麼時間推出產品？在什麼地方成立銷售據點？消費者為什麼需要這項產品？如果從這個角度去思考歷史學的用途，各位可能會稍感欣慰，對於「探究與實作」的怨言也會減少一點。

本書每個章節除了正文之外，尚有正文的解析與課堂的活動。在每篇正文的最後，會附上寫作正文時的參考書目，可以作為進一步延伸閱讀的參照。在正文解析的部分，是以逐步拆解的方式對應歷史事件的起因、過

程以及歷史學家對「過去」的挑選、解釋乃至於歷史書寫的形成。之所以細分正文的內容，是希望讀者可以掌握到全文的訊息，觀察歷史學家如何利用史料產生歷史解釋。在這些史料當中，有哪些觀點涵納其中。在課堂（後）的活動方面，每篇正文皆搭配兩項活動。第一項活動是有關於史料的閱讀和寫作，第二項活動是進階版的實作練習。本書還附有桌遊「歷史偵探大搜查」一份，包含八種歷史主題卡和對應的線索卡，可以選擇「找主題」或「找線索」兩種遊玩方式，透過找出正確對應的卡片，熟悉本書相關的歷史議題，可以作為課前的暖身活動或是分組討論的使用之資。

哲學家本雅明(Walter Benjamin)曾引用過一幅保羅・克利(Paul Klee)的畫「新天使」（Angelus Novus）說明時間的意義。在這幅畫中，時間的新天使並非面向著「未來」飛去，而是臉朝著「現在」的我們，面向著我們的「過去」飛行。時間的新天使並不是真正朝向過去飛行。我們對於歷史的興趣是來自於當下所關心的話題，因而希望在過去的歷史中尋求經驗，提出不同的問題。就如同馬克思所云，「人們創造自己的歷史，但他們並不是隨心所欲的，也不是在自己選定的環境下創造，而是在被給予的現存環境中，在過去傳承下來的環境中創造歷史。」面對遙遠的過去，我們總是有許多想像的空間，也因此多了詮釋甚至是加油添醋的空間。遺留下來的史料本身就帶有當時寫作者（保留史料者）的立場和觀點，生活在當代的我們拿到這些史料又會再次進行史料的詮釋，貼近史料的詮釋是「運用」，遠離史料的詮釋則成為「濫用」。對於過去的濫用就在於人們按照現在的情境找尋歷史的有用之處，並以此為自身的正當性喉舌辯護。這在我們生活的場景中，比比皆是，隨處可見。舉例來說，一位政客濫用歷史的可能方式在於創造關於過去的謊言或扭曲的片段，以及創造僅僅展現單一視角的歷史，用來支持其政治主張。避免用單一武斷的視角去詮釋過去的種種，是歷史希望教給我們的事，也是「探究與實作」希望教給大家的事。

「歷史偵探大搜查」桌遊組解答

- 主題卡「15 世紀古騰堡革命」
  線索卡 →「活字版印刷術」「《聖經》大量流通」「知識傳播」「文藝復興、宗教改革、科學革命、啟蒙運動」「歐洲文盲減少」

- 主題卡「宗教改革」
  線索卡 →「《九十五條論綱》」「馬丁‧路德」「方言文學」「馬丁‧路德撰寫的小冊子」「北歐人文主義」

- 主題卡「文藝復興」
  線索卡 →「人文主義」「伊拉斯謨斯」「禮儀規範的討論」「『人』是現世生活的創造者與享受者」「人們開始專注於現世生活」

- 主題卡「口罩」
  線索卡 →「早期以紗布製成」「中世紀『瘟疫醫生』穿戴鳥嘴面具」「19 世紀歐洲醫生用很多層紗布纏繞在臉上」「防止配戴者吸入空氣中有害成分」「傳染病流行」

- 主題卡「牛仔褲」
  線索卡 →「19 世紀美國西部掏金熱」「工人衣物」「Levi's」「丹寧布」「美國文化的代表」

- 主題卡「1960 年代」
  線索卡 →「美國嬉皮風潮盛行」「左派思想席捲歐美青年」「臺灣發生雷震事件」「美蘇進入核軍備競賽」「中國爆發文化大革命」

- 主題卡「第一次工業革命」
  線索卡 →「蒸汽動力」「紡織業」「火車」「英國」「圈地運動」

- 主題卡「現代性」
  線索卡 →「鐵路時刻表」「法律章程」「消費生活」「都市化」「專業分工」

15世紀古騰堡革命	宗教改革	文藝復興	口罩	牛仔褲	1960年代	第一次工業革命	現代性
活字版印刷術	《九十五條論綱》	人文主義	早期以紗布製成	19世紀美國西部淘金熱	美國嬉皮風潮盛行	蒸氣動力	鐵路時刻表
《聖經》大量流通	馬丁·路德	伊拉斯謨斯	中世紀「瘟疫醫生」穿戴鳥嘴面具	工人衣物	左派思想席捲歐美青年	紡織業	法律章程
知識傳播	方言文學	禮儀規範的討論	19世紀歐洲醫生用很多層紗布纏繞在臉上	Levi's	臺灣發生雷震事件	火車	消費生活
文藝復興、宗教改革、科學革命、啟蒙運動	馬丁·路德撰寫的小冊子	「人」是現世生活的創造者和享受者	防止佩戴者吸入空氣中有害成分	丹寧布	美蘇進入核軍備競賽	英國	都市化
歐洲文盲減少	北歐人文主義	人們開始專注於現世生活	傳染病流行	美國文化的代表	中國爆發文化大革命	圈地運動	專業分工

7

目錄

● 探究活動皆附有相關說明指引，提供教師及
　學生參考。詳細內容可掃描右側 QRcode。

從 社群媒體
與 社會網絡的誕生
來了解

為什麼要學歷史

　　歷史是屬於過去的事情，「過去」（past）並不是稍縱即逝的，許多「過去」還繼續在「現在」（present）產生影響力。歷史的時間不必然是直線發展的，我們人類是面向過去而生的動物，很多時刻我們是面對著遙遠的「過去」，思索「現在」的難題，才能往「未來」邁進。這是「過去」教給我們的事，也是歷史學教給我們的事。

人類傳遞訊息方式改變的重要時刻

五萬年前的口語

　　我們生活在一個充斥社群媒體（social media）的世界，在幾乎人手一機的時代，閒暇時間滑滑臉書、推特和 IG，上傳照片打卡、轉發貼文，似乎是每個人日常生活的必要之事。這些社群媒體的出現，原先的立意是為了對抗新聞和報紙壟斷言論市場的情況，希望回歸到個人的向度，由個人的角度出發，選擇訊息的接收。不過，各位有想過在社群媒體出現以前，古人的社群媒體是什麼嗎？也就是說，古人是用什麼方式溝通的？這些溝通的方式是怎麼被傳遞出去的？如果我們說當代的社群媒體是「新」

媒體，那麼「舊」媒體會是什麼？「新」媒體依賴的是網路世界的傳播，那「舊」媒體的傳播方式是什麼？

　　這是第一個各位要放在心裡的問題。臉書的英文是 FaceBook，所以「書」（book）看起來是個分界點。說得更仔細一些，是印刷書的誕生之前和之後的差別。在印刷書出現之前，文字是記載在什麼東西之上的？這是第二個各位要放在心裡的問題。

五千年前的文字

五百年前的印刷

五十年前的電腦

人類媒介史的發展

綜觀人類歷史的發展，我們一共經歷過四次的訊息傳遞技術大變動。西元前 4000 年，文字發明。3 世紀，「翻頁書」（codex）出現。15 世紀，西歐出現了古騰堡革命。1974 年，網際網路出現在我們的生活當中。1998 年，我們賴以為生的 Google 出現。2004 年，是爭議愈來愈大的臉書誕生的年代。更進一步地說，人類媒介史的大轉折出現在 15 世紀的古騰堡革命、19 世紀電報、攝影的出現以及 20 世紀電視和電腦的誕生。因此，

歷史思想

在古騰堡革命之前，書本是手抄的形式，但印刷術並沒有改變手抄本的形式。15 世紀的印刷書和手抄書共存，就像當代的電子書和紙本書共存一樣，沒有誰取代誰的情況。

我們可以做一個簡單的總結，從五萬年前的口語、五千年前的文字、五百年前的印刷到五十年前的電腦，人類傳遞訊息的方式歷經了這些重大的改變。這樣看起來，人類使用「新」媒體的時間並不長，絕大部分的時間是處於「舊」媒體的時代。

從個人演說到社群訊息

在沒有網路和電腦的時代，人們傳遞訊息仰賴的是口語和文字書寫的方式。大家都知道，古羅馬有一位知名的政治家和演説家叫西塞羅（Cicero），西塞羅身處的時代沒有印刷機，紙張也尚未出現，傳播訊息靠的是信件和文件的交流。西塞羅演説的內容被轉抄在莎草紙上，一卷一卷的莎草紙就像現在電腦中的 WORD 檔一樣，記載了西塞羅的政治評論和當時的新聞。這些一卷卷的莎草紙是透過信使來遞送，當時的信使很多都是古羅馬的奴隸。這些奴隸的腳就如同當代的寬頻網路，在羅馬和邊疆地區的省分，絡繹不絕地傳遞訊息。根據學者的統計，羅馬的新聞到達西邊的不列顛大約需要五週的時間，到達東邊的敘利亞大約要七週的時間。除了奴隸之外，商人、士兵和官員也扮演了傳遞訊息的角色，他們把羅馬的消息傳播給自己社群圈中的成員，也把邊疆地區的消息傳回羅馬。這樣的訊息傳遞方式是由個人擴及到社群，西塞羅和其他羅馬菁英階層的成員，就靠著這樣的訊息傳遞方式，組成他們的社會網絡。

古羅馬傳遞訊息的方式		
傳遞時間	東邊敘利亞：七週 羅馬到西邊不列顛：五週	
傳遞範圍	羅馬到邊疆地區	
傳遞方式	信使（奴隸、商人、士兵、官員）	
訊息媒介	信件和文件交流	

古今羅馬人傳遞訊息的異同

這其實與當代的社群媒體很像，我們依賴著臉書、推特或 IG 傳喚彼此的訊息，古羅馬人仰賴的是社會關係的網絡，利用莎草紙和信使，傳遞彼此的訊息。兩者都是雙向溝通的環境，訊息沿著社會網絡從一個人傳遞給另一個人。差別只在於訊息傳遞速度的快慢、訊息傳遞工具的不同和訊息傳遞對象的親疏遠近。當代的羅馬人動動手指就能秒速聯絡千里之外的朋友，古羅馬人得靠奴隸的雙腳行走好幾十天才能傳遞訊息。古羅馬人是由右而左地滾動莎草紙的捲軸，當代的羅馬人也是用滾動的方式觀看文件，只不過是由上而下地滾動滑鼠。比較大的差別是，古羅馬人傳遞訊息的對象一般是在同一個社交圈中，當代的羅馬人身處的是一個網路化的市民社會，傳遞訊息的對象不全然是熟識的人，而是不同地域、群體、職業的結合，比較像是個人的行動而非組織的整合。

古今羅馬人傳遞訊息的社群網絡		古	今
	社交範圍	共同的社交圈	無遠弗屆的網路社會
	閱讀方式	由右而左滾動莎草紙卷軸	由上而下滾動滑鼠
	速度	奴隸雙腳行走幾十天	動動手指瞬間聯絡千里之外
	媒介	莎草紙和信使	臉書、推特和 IG

從手抄書到印刷書

前面提到的古騰堡革命，則是人類歷史上訊息傳遞技術的大躍進。在15世紀的古騰堡革命印刷術出現之前，對於書本來說，最早的革命之一是「翻頁書」的出現。「翻頁書」出現於西元2、3世紀的基督教世界，在形式上不再是一張捲起來的紙張，而是將很多紙張黏貼在一起，形成可以翻頁的書本。當時的「翻頁書」是用人手謄寫、而非機印的書籍，這種「手寫的版式」（handwriting format）是印刷術出現前傳播文化和智識的主要方式。不只是「翻頁書」，在更早時代使用泥板、莎草紙、洋皮紙等物質進行書寫的情況，也都是憑藉人手一筆一劃，才得以竣工。在古騰堡改良印刷術成功之後，相較於手抄書的時代，訊息傳遞的速度可以快上一百多倍。根據學者的說法，15世紀的一位義大利主教觀察到，三個印刷工人使用一部印刷機，工作三個月，可以印出三部書。若是以手工抄錄，則需要三個抄寫人，花上一輩子的時間才能完成。古騰堡的印刷機，排印出來的

歷史思想

歷史學家對於印刷術是宗教改革的主要原因，歷來多有討論。持肯定意見的學者會認為「沒有印刷，就沒有宗教改革」。持相反意見的學者，則認為當時德意志地區識字率的低落，會讓印刷術的影響有一定限制，反而是路德親身佈道的作用更加重要。除此之外，我們還需考慮當時德意志地區在政治上不願受制於教會，這種深層的壓迫和不滿才是促使宗教改革的動因，路德的言論和印刷術的推波助瀾，則是壓垮駱駝的最後一根稻草。

第一本重要著作是《聖經》，這意味著《聖經》神聖的內容可以多方傳播，而不再由某個階層加以壟斷，古騰堡革命也埋下「宗教改革」的火種。我們都知道「宗教改革」是一位名叫馬丁・路德（Martin Luther）的神父因為不滿教會販賣贖罪券，出面抗議的一場運動。

書本的進化

	翻頁書	印刷書
年代	西元 2、3 世紀	15 世紀
製作方式	人手謄寫	機械印刷
製作時間 （同樣以製作 三部書為例）	三個抄寫人 一輩子時間	三個印刷工人 使用印刷機工作三個月
重要性	印刷術之前， 傳播文化和智識的 主要方式	印刷《聖經》讓其廣為流 傳，不再由某個階層壟斷， 種下後來宗教改革的火種

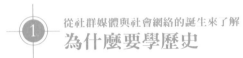

從個人言論到社會運動

路德用拉丁文寫了一份抨擊教會的文件：《九十五條論綱》，這份文件先用手抄的形式流傳，後來路德的朋友將其印刷成小冊子和海報，還有一位印刷商將之翻譯成德文，讓更多人能夠讀懂內容，這使得《九十五條論綱》以驚人的速度傳遍德語地區。我們在這裡可以看到印刷的力量，如果路德身處在手抄書的時代，他的言論肯定無法在很短的時間內引起波瀾，「宗教改革」或許要晚幾年才會點燃火苗。路德在當時使用的方法也能和當代的新媒體進行比較，路德一開始是先在教堂的大門上張貼《九十五條論綱》的單子，這很像是在社群媒體上公開發表（post）一篇文章。路德的朋友和印刷商則是負責轉發貼文的人，印刷商因為有利可圖的關係，大量地印刷路德寫成的小冊子，也造就了路德言論的廣大傳播。

馬丁‧路德的做法用現代新媒體來比喻

馬丁‧路德的做法	現代新媒體比喻
張貼《九十五條論綱》	社群媒體公開發表（post）文章
路德的朋友和印刷商	轉發貼文的人
路得相關的小冊子占當時發行總數的三分之一	當時「觸及率」最高的作者
路德陣營與反對陣營的攻擊和辯論	社群媒體上的論戰

訊息傳遞的過程從路德的個人開始，再由他的朋友傳播出去，而成為社會上的輿論力量。根據統計，在 1520 到 1526 年間，德語地區發行了大約七千五百種小冊子，其中與路德相關的小冊子一共約有兩千種，幾乎佔發行總數的三分之一。用當代新媒體的話來說，路德可說是當時「觸及率」最高的作者。路德走紅的程度，讓反對其言論的陣營，也開始出版攻擊和反駁路德的小冊子。這樣雙方你來我往的結果，使得「宗教改革」進入社群討論的網絡之中。這樣正反兩面的言論交鋒，不就是我們在日常生活的網路世界中，每天上演的戲碼嘛。

從個人書信
到社會網絡

漢語裡面有一句成語叫「魚雁往返」，或是大家曾聽過「烽火連三月，家書抵萬金」這樣一句話，這些講得都是「書信」作為一種傳遞訊息的工具。除了我們前面提過的社群媒體和印刷書，老派的手寫文字在歷史上也是建構社會網絡的工具。「書信」的角色有點像是社群媒體中的message，是屬於個人之間的交流形式。西歐的 18 世紀是各位熟悉的「啟蒙時代」，活躍於這個時代之中的啟蒙哲士（philosopher）仰賴的就是書信的傳遞，來建構彼此的社會網絡。啟蒙哲士當然有憑藉出版的作品，彼此之間相互交流。但他們最重要的觀念交流，是透過私人的書信。根據統計，有大約六千名的作者，交換了數以萬計的書信。透過這些書信，我們大致可以描繪啟蒙哲士的社會網絡。

啟蒙哲士的社會網路

歷史思想

這些書信已經被視覺化和數位化成為可供查詢的資訊，在史丹福大學有一個名為「描繪文人共和國」（Mapping the Republic of Letters）的網站，就可以線上查詢當時啟蒙哲士如盧梭、伏爾泰和洛克等人的通信對象。關於這個網站的介紹，可以參考陳建元，〈Mapping the Republic of Letters·啟蒙運動文人圈的書信來往〉，《史原》論壇，http://bit.ly/MappingtheRepublicofLetters（2021 年 1 月 26 日檢索）。

社會網絡的組成包含了節點（node）與連結（link）。就社會學而言，節點為社會中具有行動能力的個體，例如家庭成員或公司職員等，因此通常稱為行動者（actors）。見http://terms.naer.edu.tw/detail/1678858/。

就以伏爾泰（Voltaire）為例，伏爾泰與超過一千四百位通信者的網絡，有百分之七十是集中於法國境內。根據學者的說法，這些由啟蒙哲士個人出發的通信，能夠讓我們知道當時通信情況的大致範圍與數量，並且由此能夠反省這些啟蒙哲士之間的交流，這項結果有點挑戰了傳統上認為啟蒙運動是一場國際性運動的設想，從伏爾泰的通信網絡來看，反倒很大程度是以法國為中心的網絡。無論如何，書信的網絡為我們重建了啟蒙運動的部分故事，這個由個人書信打造而成的社會網絡，啟蒙哲士是社會網絡中重要的「節點」。

啟蒙哲士（節點）	→ 個人書信傳遞（交流方式）	→ 社會網絡的建立
伏爾泰	與一千四百位人士通信	建立法國中心的網絡

網絡時代

根據學者的說法，人類歷史上出現過兩次真正的「網絡時代」。第一個「網絡時代」開始於古騰堡革命活字印刷術的出現，這項革命先促使馬丁路德的宗教改革的推進，繼而出現了啟蒙運動，在歐洲形成了規模不小的文人學者圈，促成了 18 世紀末的各種思想潮流。第二個「網絡時代」則是 20 世紀後半葉個人電腦的發明與普及以迄網際網路的崛起，也就是我們當今生活的社群媒體世界。這兩個「網絡世界」的差別就在於傳遞訊息的工具和吸納知識的性質。

就誠如學者所言，在 18 世紀大部分的時間中，博學學者、有學問之士和非專業的科學家，統治著一個名叫「博學帝國」的虛擬世界。這個世界是一個擁有同質、統一知識的世界，身處這個世界的每個人只要擁有與印刷術產生互動的工具和設施，就得以進入這個虛擬世界。然而，在 20 世紀大部分的時間中，學生、有學問之士和一般大眾，統治著一個名叫「資訊帝國」的虛擬世界。這個世界是一個擁有分裂、異質知識的世界，身處這個世界的每個人只要擁有與網路產生互動的工具和設施，就得以進入這個虛擬世界。

博學帝國與資訊帝國	博學帝國	資訊帝國
加入條件	擁有與印刷術互動的工具和設施	擁有與網路互動的工具和設施
性質	同質、統一知識的世界	分裂、異質知識的世界
社交網絡	文人學者圈	當今生活的社群媒體世界
契機	古騰堡印刷術的出現	個人電腦與網際網路的發明和普及

重點整理
本堂要點
為什麼學歷史

在這一堂中，我們回顧了人類社會中的社群媒體以及由此打造而成的社會網絡。除了訊息傳遞的快慢之外，網路世代的「新」媒體，與過去的「舊」媒體在組成理念沒有什麼大的差異。當代世界的種種嶄新事物，不必然是憑空出現的發明，我們多半可以在歷史當中尋覓到相關的連結。古代的社群媒體與當代的社群媒體一樣，都是以個人作為交換訊息的起點，再往外擴展至更大的範圍。兩者之間最大的差別在於訊息傳遞的快慢。

我們都知道歷史是屬於過去的事情，「過去」（past）並不是稍縱即逝的，許多「過去」還繼續在「現在」（present）產生影響力。這世界的所有事情並不是理所當然發生的，我們並非生活在一個真空的世界，過去的種種影響著現在，而現在的種種影響著未來。舉例來說，COVID-19 在去年（2020）春天席捲全球之際，我們會想到 1918 年的西班牙大流感（這

場流感並非起源於西班牙，而是在西班牙發現的）能否給予我們什麼過去的啟示。更有歷史感的人會聯想到滿洲鼠疫，因為那是防疫口罩誕生的時刻。又或者是歐洲的城市開始利用過去黑死病遺留下來的建築設計，那是一面牆挖出一個小洞，購買食物和啤酒的顧客不用與店家接觸，只需要將金錢放在出口，完成交易。這則是過去的歷史經驗重新在現代復活之例。因此，歷史的時間和物理的時間是不同的。物理的時間就如同手錶的指針一樣，是一種「過去→現在→未來」直線發展的情況。相反的，歷史的時間不必然是直線發展的，我們人類是面向過去而生的動物，很多時刻我們是面對著遙遠的「過去」，思索「現在」的難題，才能往「未來」邁進。這是「過去」教給我們的事，也是歷史學教給我們的事。

參考書目

1. 阿薩・布里格斯（Asa Briggs）、彼得・柏克（Peter Burke）著，李明穎、施盈廷、楊秀娟譯，《最新大眾傳播史》（新北：韋伯文化，2006）。

2. 丹尼斯・古斯萊本（Denis Guthleben）著，哈雷譯，《原來 XX 是這樣被發明的：地球上 130 項從遠古到現代的驚人發明》（臺北：臺灣商務，2021）。

3. 約翰・M・巴瑞（John M. Barry）著，王新雨、張雅涵譯，《大流感：致命的瘟疫史（經典回歸版）》（臺北：臺灣商務，2020）。

4. 尼爾・弗格森（Niall Ferguson）著，葉品岑譯，《廣場與塔樓：從印刷術誕生到網路社群力爆發，顛覆權力階級，改變人類歷史的 network》（臺北：聯經出版公司，2019）。

5. 湯姆・斯丹迪奇（Tom Standage）著，林華譯，《社群媒體前兩千年》（臺北：行人，2016）。

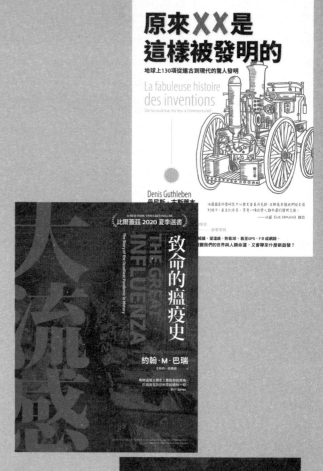

歷史建構的過程

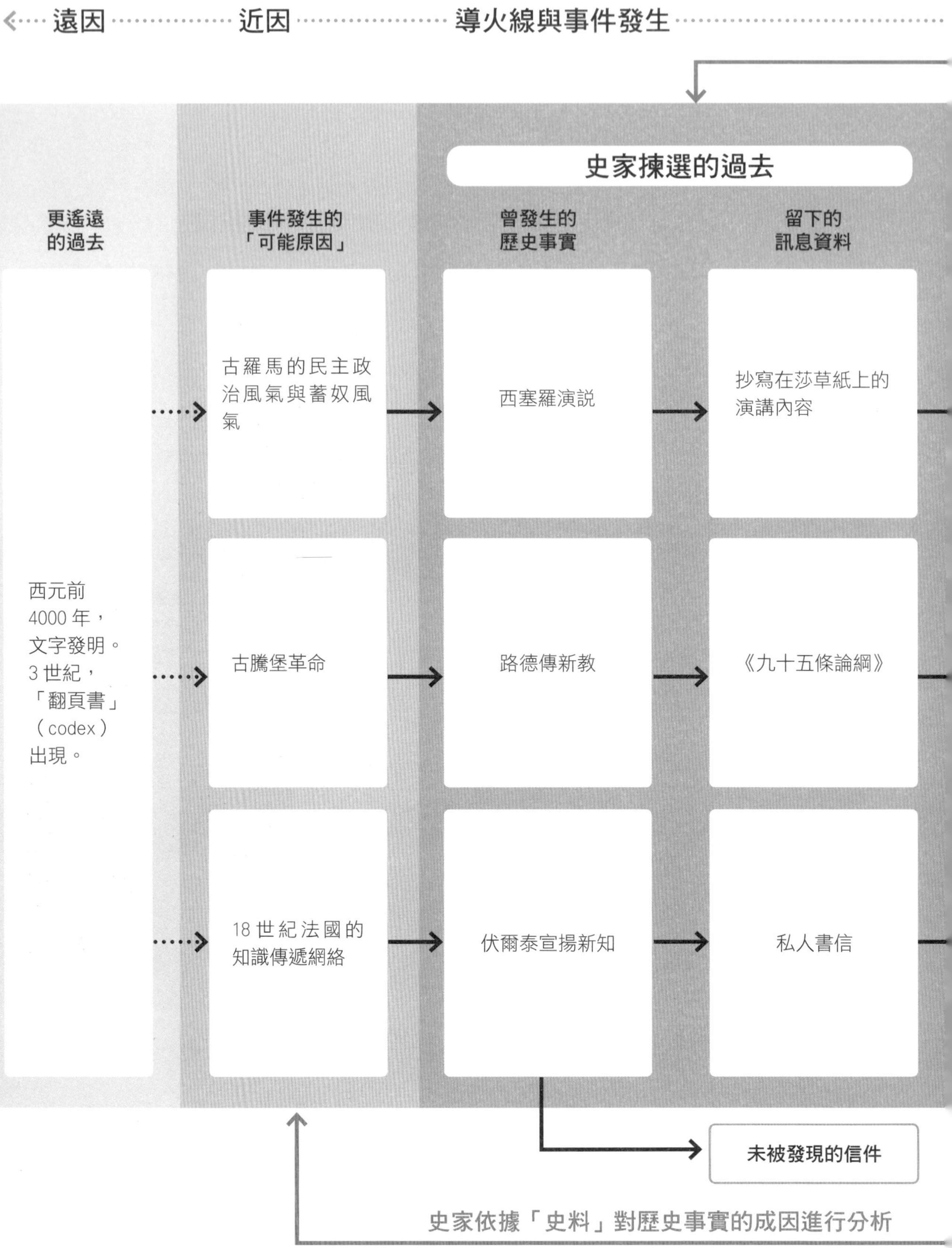

⟵··· 遠因 ············ 近因 ············ 導火線與事件發生 ·················

史家揀選的過去

更遙遠的過去	事件發生的「可能原因」	曾發生的歷史事實	留下的訊息資料
西元前4000年，文字發明。3世紀，「翻頁書」（codex）出現。	古羅馬的民主政治風氣與蓄奴風氣	西塞羅演説	抄寫在莎草紙上的演講內容
	古騰堡革命	路德傳新教	《九十五條論綱》
	18世紀法國的知識傳遞網絡	伏爾泰宣揚新知	私人書信

未被發現的信件

史家依據「史料」對歷史事實的成因進行分析

面向過去尋求解答

史家對過去歷史的建構與詮釋		今日
歷史解釋	我們以為過去可能的樣子	問題意識

這樣的訊息傳遞方式是由個人擴及到社群，西塞羅和其他羅馬菁英階層的成員，就靠著這樣的訊息傳遞方式，組成他們的社會網絡

過去是一個資訊封閉的狀態

START
古人的社群媒體是什麼？
溝通的方式是什麼？印刷術但生前，文字記載在哪裡？

用當代新媒體的話來說，路德可說是當時「觸及率」最高的作者。路德走紅的程度，讓反對其言論的陣營，也開始出版攻擊和反駁路德的小冊子。這樣雙方你來我往的結果，使得「宗教改革」進入社群討論的網絡之中

閱讀、理解與思考後

對今日生活的影響

根據學者的説法，這些由啟蒙哲士個人出發的通信，能夠讓我們知道當時通信情況的大致範圍與數量，並且由此能夠反省這些啟蒙哲士之間的交流，這項結果有點挑戰了傳統上認為啟蒙運動是一場國際性運動的設想，從伏爾泰的通信網絡來看，反倒很大程度是以法國為中心的網絡。無論如何，書信的網絡為我們重建了啟蒙運動的部分故事，這個由個人書信打造而成的社會網絡，啟蒙哲士是社會網絡中重要的「節點」

過去世界存在著各式各樣的社群媒體與社會網絡

過去世界存在著各式各樣的社群媒體與社會網絡

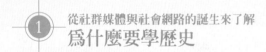
探究活動 A
書信裡的過去

請按照下列五個步驟，搜尋檔案並進行
資料的整理和分類。

STEP 1

利用「胡適檔案檢索系統」
（ http://www.mh.sinica.edu.tw/
koteki/metadata1_2.aspx ），
搜尋下列 10 個館藏號之檔案。

/ 小提示 /

① 請先申請資料庫帳號密碼，並下載閱讀軟
體後，再開始搜尋。

② 搜尋結果請採用詳目顯示，其中「描述」
欄位為內文摘要，點選「影像」圖示便可閱
讀檔案。

STEP 2

依據第一堂正文提及的內容，觀察
在胡適所留下的書信資料中，存在
哪些訊息。

/ 小提示 /

① 影像檔內文多為手寫稿，亦可以線上列印
後再進行分析。

② 目前檔案號為亂數排序，閱讀之前亦可先
利用資料庫的詳目進行簡單整理。

STEP3

依據【step2】的觀察，請找出檔案中各自存在的關鍵詞，並填入下一頁表格中。

/ 小提示 /

① 關鍵詞的列法可以為事件、人物、組織或時間與地點。

② 十個檔案如果能化約為三到四個關鍵詞，你就有望成為分類大師喔！

STEP4

請依據前述步驟中所觀察到的訊息，將這 10 個檔案進行不同性質的分類。

/ 小提示 /

① 可依據歷史時間、主題（政治、經濟、軍事、文化等）、訊息涉及公或私領域等方向來分類。

② 想一想，你的分類邏輯為何？同一檔案，可以有多種不同的分類，你能否進行不同檔案間的交叉分類呢？

STEP5

請利用該資料庫，針對上述步驟所擬定之關鍵詞與主題或自己感興趣的議題，進行相關資料的搜尋。

/ 小提示 /

① 將你感興趣的主題或關鍵字輸入資料庫的「跨欄檢索」欄位後，按「執行檢索」進行搜尋。

② 搜尋結果頁面出現後，請點擊「詳目顯示」，便可看到每份檔案的內文摘要、時間與書寫語言。

③ 搜尋結果系統預設為依館藏號遞增，亦可按使用者習慣自行修改為按時間、產文者、收文者遞增排序。

請你將按照前一頁五個步驟查找、整理的資料，填入下方的表格中。

館藏號	題名	訊息	關鍵詞	分類	與此資料相關聯的檔案

進階探究

若我們想進一步了解有關胡適日常生活、思想脈絡以及其與國家政治發展的關係，只使用該資料庫是否足夠？我們還能利用哪些資料進一步認識其人與其事？

參考書目

書信作為歷史書寫的訊息來源之一，具有承載歷史行動者個人情感、反映時代趨勢的重要性，若我們想進一步認識書信裡的那些人事物，我們還能參考哪些研究？

探究活動 B
擬定探究主題

請從你感興趣的研究主題或對象出發，搜尋和閱讀與探究主題相關的研究後，提出你感到困惑或無法滿足求知慾之處。接著從過去的歷史事實尋求解答，鎖定你的探究範圍與想聚焦的議題，彙整出一個核心提問。最後將你的探究過程填入下方對應的表格裡面。

從過去的歷史事實尋求解答

對今日產生影響

鎖定探究範圍，聚焦重要議題→彙整出一個核心提問

START
我感興趣的探究主題或對象

搜尋與閱讀與
探究主題
相關的代表研究 1

搜尋與閱讀與
探究主題
相關的代表研究 2

搜尋與閱讀與
探究主題
相關的代表研究 3

針對探究主題進行
研究回顧後，感到
困惑或無法滿足求
知慾之處進行提問 1

針對探究主題進行
研究回顧後，感到
困惑或無法滿足求
知慾之處進行提問 2

針對探究主題進行
研究回顧後，感到
困惑或無法滿足求
知慾之處進行提問 3

第 2 堂

從「衛生」
的 身體、行為和器物
來了解

歷史資料的
性質和意義

　　以「衛生」觀念和行為的變化為例，展示
史家與歷史資料之間的關係，選用了文本和物
質兩種類型的歷史資料，如各類禮儀書冊的文
字、手帕、口罩、衛生餐檯和個人水杯，認識
史料在史家針對特定歷史經驗建立解釋的過程
中，扮演何種角色。

現在我們很難想像，誰會在餐桌上打噴嚏而不遮掩，或隨意將口中痰涎往碗盤裡吐。而在經歷 COVID-19 疫情一年多時的我們，更會記得出入公眾場所是必須配戴口罩，遮住口鼻。這不僅照護自己的健康，更是保護他人的一種必要行為。也就是說，要當一個「衛生」的人，除了要避開和清除周遭髒污、病蟲蚊蠅和細菌外；更重要的是，你必須學會控制自己的身體，養成良好生活習慣，包括一些日常器物的使用，並時刻提醒自己，在公眾場合裡切勿侵擾他人。

「衛生」是人類花了很長的時間，才逐漸了解、學會與實踐的觀念。在這段人們學習「衛生」的過程中，身體、行為以及日常使用的各類器物，都以不同形式參與到這段故事裡頭。環繞著個人身體，衛生觀念的建構其實離不開人們對自我的認識，以及外在力量的規範和控制。另方面，人們在打造良好生活習慣的同時，更從物質文化層面構築了對特定器物的使用方式。整體來說，這是一段交織著身體、物質器具、社會文化的複雜歷史，過程中反映著一具具承載著衛生觀念的身體，是如何在多重因素交互影響下，逐步成形。讀者將在接下來的故事中，清楚看到由幾種文本和物質史料交織而成的，人類學習「衛生」的歷史。

從餐桌開始的衛生史

「衛生」觀念得從何時、何處開始追溯呢？首先，我們將聚焦在吵雜喧嘩、杯觥交錯且極度骯髒的餐桌上。人們確實是在這裡學習「禮儀」，體認一種「衛生」的生活。而這種身體被控制、規範的歷史，更與「文明」（civilization）這個現代世界關鍵概念的出現，息息相關。

禮儀書籍的影響

文藝復興時期的人文主義學者伊拉斯謨斯（Erasmus, 1466-1536）曾於 16 世紀出版一本談禮儀規範的《論孩子的行為舉止》，書中對行為舉止的描述和好壞之判別，充分凸顯已漸浮現關於「個人禮儀」的思考。這本小書說明了，身體外部形象如實反映一個人的內心世界，人們對不禮貌的行為，例如鼻孔裡充滿鼻涕、農夫用帽子或圍裙擦鼻涕、廚師以手來擤鼻涕並擦拭於衣服上，應該感到羞恥並想辦法制止這種行為。

也就是說，假若人們懂得克制和規範這些不合禮儀的行為，即能使自己不會在公眾場合做出讓他人感到不舒服或難堪的事情。要做到這點，最重要的前提就是，自己會對這些舉措感到羞恥，時刻提醒必須管束手腳和動作，改善原有的日常習慣。

這類禮儀書冊是史家論述近代歐洲生活習慣改變，以及「禮儀」、「衛生」觀念興起，時常引據討論的材料。伊拉斯謨斯這部小書引發了 16 世紀以降，關於「禮儀」行為的討論風潮，愈多談論和描述「正確且有禮貌」餐桌禮儀的著述，隨之出現。不過，伊拉斯謨斯並非第一個注意此問題的人。早大約一個世紀左右，歐洲社會

就已出現不少關於如何吃飯的討論。很多禮儀書冊會指出，餐點甫上桌時，我們不可直接伸手去拿、也不可以拿自己咬過一口的麵包再去公用盤裡沾醬、不得將骨頭或殘渣吐回公用盤、更不得將口中的痰吐到自己這方或對面的餐桌上。這個部分凸顯的是，對於用餐環境，用餐者逐漸形成區別個人和公眾使用的範圍。這樣一來，人們就會嘗試通過限制自己使用的食材和碗盤器具，防止自己接觸過的東西，跨越這道界線去介入甚或破壞其他用餐者的空間。

在廣泛流傳的就餐禮儀詩歌和書籍小冊子中，最受到注意的部分，就屬手部的整潔和動作。在餐具尚未完全普及前，人們的雙手既用來拿取食物，更用以清潔身體的髒污。人們往往一邊擤鼻涕一邊取食物，而這絕非現在認知的「衛生」。在指導孩童用

餐禮儀的論述中，最常出現的橋段就是限制人們的雙手，不可用手「擤鼻涕、掏耳朵、擦眼睛、抓癢」，用餐前還得先洗手，因為你會直接用手抓取食物。還有條文提及，吃飯期間若咳嗽或打噴嚏，切勿直接用手或者是衣服、桌布、餐巾直接擦拭。這牽涉到一種現代衛生用品——手帕——的出現和普及。

影響生活習慣的手帕

在「衛生」的長遠歷史裡，手帕是史家觀察生活習慣轉變的重要物質史料之一。據資料指出，手帕和手絹起初被視為十分珍貴的奢侈品，而非大眾習慣的清潔用具。17世紀時，手帕會以金、銀絲鑲邊搭綴流蘇裝飾，是貴族階級彼此社交迎往之際的昂貴禮品；有錢人才會在口袋裡放置手帕。

也就是說，唯有隨著手帕從奢侈品逐漸轉為日常使用的器物，人們才慢慢學會用它代替雙手來擦拭鼻涕。換個角度想，手帕的普及化

程度，亦可作為我們推估生活習慣轉變的重要線索。

　　一個人若對特定行為會產生難堪和羞恥的感覺，意謂著他知道這舉動不太被眾人接納，這就是人類社會「文明化」的重要象徵。這是社會學家埃利亞斯（Norbert Elias, 1897-1990）關於「文明化」的重要論點。他通過中世紀以降大量出現的禮儀書籍，描繪這段人類學習規範身體、改善行為習慣，學習「文明化」的歷史進程。其中的關鍵變化，就是這種羞恥感。

　　它讓人們了解哪些行為會觸犯他人，必須嚴令禁止。於是，原本在餐桌上不受控制的身體，就得漸漸學著控制雙手、鼻涕、咳嗽與痰涎。因為一不小心，你就可能侵犯到別人，甚至是破壞公眾用餐環境。在學習「文明化」的過程中，人們逐漸體認到，自己與他人之間必須保持一定距離。而這種區隔出一段空間的想法，其實就與現代「衛生」觀念的某些作法，並無二致。

裝載「衛生」的器物和日常習慣

　　學會控制身體和行為，還只是第一步。若要完整且徹底地打造「衛生」的世界，日常生活的器物也須經過設計和安排，使「衛生」觀念能貫徹至身體、行為和器具上。多數器具是專屬於個人，使用時可進一步建構自我和大眾的距離。

　　本節的場景將轉換至 19 到 20 世紀中國，所謂「衛生」的觀念、規範和行止儀度，就是從這個飽受肺鼠疫和肺結核病菌侵擾的社會環境中誕生。隨著「衛生」觀念轉變而出現的，

有「伍氏口罩」和「衛生餐檯」這兩種器物，它們是史家據以觀察這段歷史變遷的重要史料。

口罩的誕生和發展

　　口罩，這種以外科手術用之白色棉紗布製成，以最直接之物理形式阻擋病菌的器物，由來甚早，起源駁雜；但終歸是人們為防止空氣髒污，以及後來被巴斯德（Louis Pasteur, 1822-1895）發現的「細菌」進入口鼻所製

口罩形式的演變

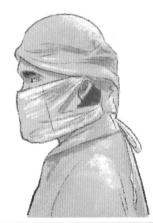

| 中世紀「瘟疫醫生」鳥嘴口罩 | → | 20 世紀初華人公衛專家伍連德發明的「伍氏口罩」 | → | 現代個人化口罩 |

作的器具。

　　歷史中的口罩，形式多種，例如中世紀「瘟疫醫生」所穿戴的鳥嘴面具，就是一種特殊面罩裝置，以防範黑死病通過上呼吸道進入體內。早期，口罩就是這樣不太方便穿戴的用具。19 世紀歐洲醫生的口罩，則是用很多層紗布纏繞在臉上，這容易使人呼吸不暢，與現在方便且舒適的口罩相距很遠。

　　真正起到改良作用的，就屬華人醫學博士、公衛專家伍連德（1879-1910）在 20 世紀改良、發明的「伍氏口罩」。這當時是為防堵肺鼠疫所設計的工具。這場發生於大清王朝末年，流行於哈爾濱的鼠疫，是通過空氣中的病菌來傳染，猛烈且快速，讓人們猝不及防。伍連德改良的口罩，是用三英尺長的外科手術用紗布，剪出兩側縛帶後，將白布摺疊為六乘四英吋大小的面積，戴在臉上，再以縛帶束於腦後。這種做法既可防護佩戴者的呼吸道，也不易造成不適感。鼠疫造成的恐慌，讓當地居民甫見「伍氏口罩」，紛紛嘗試戴上這新奇東西。但也因為不明其法，大街上慢慢出現了各種不合格、沒有遮住口鼻的使用方法，有人把口罩鬆弛地掛在耳上，有人則將口罩當作護身符般掛在脖子上。

　　顯然，口罩之於當地居民，就猶如汪洋中的浮木；只是，正確的使用方法和觀念，當時尚未完全普及開來。1911 年，在瀋陽舉辦的「萬國鼠疫研究會」上，這份「伍氏口罩」對阻絕疫情的效力，獲得各國公衛專家的共同讚賞。七年後，西班牙流感大爆發，伍連德改良的口罩遂真正成為疫情肆虐期間的防疫必備用品。

旋轉餐檯與個人的餐具運用

不單單是口罩，伍連德對中國衛生改良的貢獻，還有旋轉餐檯這件器物。這就是現代中餐廳圓桌上供人旋轉的大型轉盤，它是伍連德在 1930 年代，為解決肺結核問題所做的設計。

這種旋轉餐檯其實源自於美國，有一個特殊且帶性別意涵的稱號「懶惰蘇珊」（Lazy Susan）。不過，現在還未能釐清為何要以女性名來描述、指涉這種餐具設計。總之，伍連德設計的旋轉餐臺，是為解決中國長久習慣的「共食制」——人人皆伸自己的筷子入盤夾菜，這會將每位用餐者的口水混在一起——在伍連德看來，這種混雜眾人口水的飲食法，是華人生活傳統中的陋習、不衛生的日常行為，更是引致肺結核流行的重要原因。

伍連德對衛生餐檯的設計下過一番苦心，主要還考量了華人餐飲習慣和文化。在他看來，其實最衛生的用餐方法就是西方分食制，人人將食物裝進自己的碗盤裡取用。但這可能會

旋轉餐檯的設計

目的：
解決共食制的衛生問題（肺結核）。

特色：
考量華人餐飲習慣和文化，而非強制推行西方分食制。

使用：
利用旋轉餐檯搭配公筷母匙，讓個人和公用的餐具分開。

破壞中國進餐時的特殊氛圍。

　　曾有一位臺灣防治肺結核專家欒筱文指出，中菜如燉雞、烤鴨或蒸魚，都是講究大樣式。若是切塊分裝後上桌，恐是頗煞風景。這或許也是伍連德的斟酌、考量處，以至於折衷設計出衛生餐檯輔以公筷母匙的作法，將自用和公用的餐具分開來。有趣的是，當時為解決共食制問題，還有人提倡一種「自衛為上」的做法。就是你要「搶先下箸」，當其他人吃過這道菜後就不要再取用，因為那已經沾上他人的口水。

　　除了用餐習慣外，個人用的水杯也是公衛專家戮力推廣的重點。「我用自己的茶杯」，就是 1930 年代衛生教科書中最顯著的一句警語。很明顯的，這些新型態用具和慣習的建構，在在體現了專家嘗試通過物件的創造或改良，將「衛生」這種抽象觀念、知識，鑲嵌入人們日常生活裡的每一天、每一時、每一刻。

　　作為「衛生」觀念的延伸，這些非常個人式的日用器具，讓我們的視角循著個人身體，延伸至物質文化之於日常慣習的影響及改造。環繞著口罩、衛生餐檯這類物質史料，衛生史學者雷祥麟就指出，個人水杯、衛生餐檯、公筷母匙和分食制度的實踐，從改變身體、行為到製作新式器物，很可能促使人們在操演「衛生」觀念的同時，重新構築對「自我」的認識，並想像一種新的社會關係。

　　試想我們現在關於餐具的看法，其實就非常習慣以「個人」的角度去挑選和使用。就像個人水杯的出現，當時還設計了供收納、擺放的櫃子，一格一格地明確標示出你的杯子該放入哪個號碼的櫃格中。這很直接地描繪了個人式的社會生活圖景。而如衛生餐檯和公筷母匙的出現，則是專家在維持華人圍坐飲食習慣前提下，做出的妥適設計；是在不完全改變傳統社會關係前提下，突顯出「個人」的形象。這組器物既能保持個人衛生的界線，亦得維繫群體關係。也就是說，假若貿然採行西方分食制度，這恐無法讓中國社會完全且信服地接納，更可能對家庭關係起到負面影響。

從口罩反思衛生觀念的演進

最後，我們要回到口罩，這個當代最常見也最為個人化的衛生器物。2020 年至今，世界飽受 COVID-19 侵擾，在各國抗疫政策中，最引人注意部分要屬伍連德當年改良的口罩。從一開始奇貨可居，引起搶購風潮的珍稀防疫物資，到現在成為在超商、賣場、百貨公司、捷運站甚或網路商店皆可隨意選購的日常用品。口罩在這次疫情中的變化，確實體現了一種個人式衛生用品的誕生。最後，讓我們圍繞著口罩這樣材料，來思考其所反映的社會文化和思想觀念的轉變。

從公共衛生到個人衛生

這裡的「個人化」有兩層意思。

第一，它意指出現在當前臺灣社會裡，以口罩作為標榜個人特色之媒介的風潮。這固然是人們於防疫期間不得已所發展出的特殊興趣。但無可否認的是，當今市場上各種顏色、花樣、圖案，甚或人們瘋搶品牌聯名特殊樣式的防疫口罩，確實反映了有愈多人將口罩視為凸顯個人風格的物件。

第二，戴上口罩的人們，除是以各色口罩彰顯自我特色，更凸顯了個體是主動且願意承負防疫的社會責任和義務。唯有人人戴上口罩，病菌方可能消弭於人際傳播之間。於是，原屬政府公共衛生當局該戮力解決的疫病問題，臺灣人民則是在願意犧牲某部分個人「自由」——包括犧牲面容露出之權利和行動自由——以成全社會集體健康安全的情況下，用個人化口罩，參與這場國家的防疫保衛戰。比較歐美國家一開始出現的反對口罩風潮，即可進而思考，不同國家民情之間，對於自由和安全，個人和群體之關係的不同想法。

當然，這種個人化口罩的風潮，遠非人們真心所希望看見的；但它或許可供我們仔細想想，衛生觀念是如何與身體、行為、日常物件交織在一起，進而深刻影響了個人與社會的關係。

臺灣防疫期間口罩的「個人化」意象

1. 各式各樣的顏色、花樣、圖案，成為凸顯個人風格的物件。

2. 展現主動和自願承擔社會責任和義務。

　　總的來看，「衛生」其實環繞著個人又關乎群體。它指的是人們應該在各種日常情境中，刻畫一道道界線，標誌出能做與不能做的範圍，以避免自己影響甚或破壞他人或群體的健康與安全。很多時候，這道界線讓我們在學習控制個人身體的基礎上，更得認清「自我」和「公共空間」的關聯和區別。

　　確實，個人清潔和衛生觀念，就與公共衛生狀況密切相關。人們學習「衛生」的歷史過程，其實就是學著讓身體去配合及適應，因「衛生」觀念所形成，在公共空間的各類規制。「衛生」的歷史說明了，許多在現代人看來非常理所當然的事情，其實是人類花了很長時間，歷經重層操演與鍛鍊，才逐漸將「衛生」觀念內化成行為舉止的慣習規範。

　　當然，我們更不能忘記，「衛生」不只是抽象觀念，它更是藉著器物的設計和使用，體現在生活當中。

本堂要點
史家與史料

　　本堂以「衛生」觀念和行為的變化為例，展示史家與歷史資料之間的關係，引導讀者認識，史料在史家針對特定歷史經驗建立解釋的過程中，扮演何種角色。

　　對應著「衛生」的歷史，本堂特別選用了文字和物質兩種類型的歷史資料。讀者可以看到，歐洲史家從各類禮儀書冊的文字、知識中，爬梳出人們意識該限制部分餐桌行為的想法，進而發展成特定的禮儀規範。這是我們觀察「衛生」觀念展露初機的線索。更甚者，手帕、口罩、衛生餐檯和個人水杯，這些出現於近代歐洲和中國的新式器物，則是我們捕捉「衛生」觀念於日常生活中實踐的物質性材料。

　　結合兩種類型的歷史資料，讀者可以看到「衛生」在文字、論述、抽象的思想觀念、物質與行為實踐此些不同層面的身影和蹤跡；進而觀察史家如何藉著史料，從人類日常生活中的抽象與具體的行為與經驗，重構「衛生」發展的長遠且繁複多變的歷史。

參考書目

1. 雷祥麟，〈衛生為何不是保衛生命？民國時期另類的衛生、自我、與疾病〉，《臺灣社會研究季刊》第 54 期，2004 年 6 月，頁 17-59。

2. 雷祥麟，〈衛生、身體史、與身份認同：以民國時期的肺結核與衛生餐檯為例〉，收入祝平一主編，《健康與社會：華人衛生新史》（臺北：聯經出版公司，2013），頁 119-143。

3. 雷祥麟，〈習慣成四維：新生活運動與肺結核防治中的倫理、家庭與身體〉，《中央研究院近代史研究所集刊》第 74 期，2011 年 12 月，頁 133-177。

4. 諾貝特・埃利亞斯（Norbert Elias）著，王佩莉、袁志英譯，《文明的進程：文明的社會起源和心理起源的研究》（上海：上海譯文出版社，2009）。

5. 菲利浦・阿利埃斯（Philippe Aries）、喬治・杜比（Georges Duby）主編，楊家勤等譯，《私人生活史：激情》（哈爾濱：北方文藝出版社，2007）。

歷史建構的過程

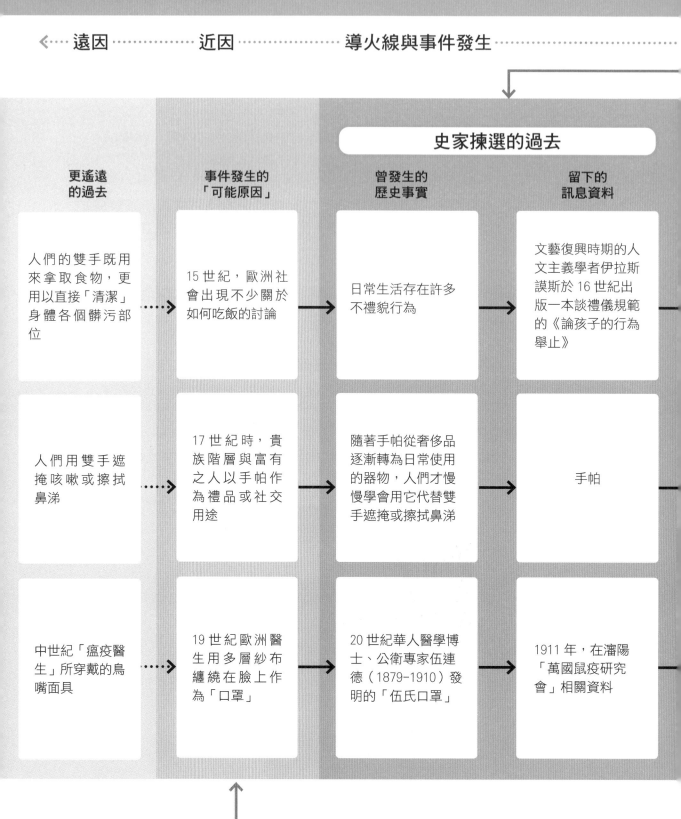

‹··· 遠因 ··········· 近因 ··········· 導火線與事件發生 ·················

史家揀選的過去

更遙遠的過去	事件發生的「可能原因」	曾發生的歷史事實	留下的訊息資料
人們的雙手既用來拿取食物，更用以直接「清潔」身體各個髒污部位	15世紀，歐洲社會出現不少關於如何吃飯的討論	日常生活存在許多不禮貌行為	文藝復興時期的人文主義學者伊拉斯謨斯於16世紀出版一本談禮儀規範的《論孩子的行為舉止》
人們用雙手遮掩咳嗽或擦拭鼻涕	17世紀時，貴族階層與富有之人以手帕作為禮品或社交用途	隨著手帕從奢侈品逐漸轉為日常使用的器物，人們才慢慢學會用它代替雙手遮掩或擦拭鼻涕	手帕
中世紀「瘟疫醫生」所穿戴的鳥嘴面具	19世紀歐洲醫生用多層紗布纏繞在臉上作為「口罩」	20世紀華人醫學博士、公衛專家伍連德（1879-1910）發明的「伍氏口罩」	1911年，在瀋陽「萬國鼠疫研究會」相關資料

史家依據「史料」對歷史事實的成因進行分析

面向過去尋求解答

史家對過去歷史的建構與詮釋

今日

歷史解釋

我們以為過去可能的樣子

問題意識

1・書中對行為舉止的描述和好壞之判別，
充分凸顯已漸浮現關於「個人禮儀」的思考
2・身體外部形象如實反映一個人的內心世界，
我們對於部分不禮貌的行為，應該感到羞恥
並想辦法制止做這般行為的衝動

人們會在餐桌上
打噴嚏、在路邊
隨地吐痰

START
為什麼我們需要
做一個「衛生」
的人？

社會學家埃利亞斯關於「文明化」的重要論點：
一個人若對部分行為會產生難堪和羞恥的感覺，
意謂著他知道這舉動不太被眾人接納，這就是人
類社會「文明化」的重要象徵

閱讀、理解
與思考後

對今日生
活的影響

作為「衛生」觀念的延伸，這些「個人式」的日
用器具，讓我們的視角循著個人身體，延伸至物
質文化之於日常慣習的影響及改造。從身體到器
物，衛生史學者雷祥麟就指出，個人水杯、衛生
餐檯、公筷母匙和分食制度的實踐，很可能促使
人們在操演「衛生」觀念的同時，重新構築對「自
我」的認識，並想像一種新的社會關係

1・認清「自我」
與「公共空
間」的差異
2・衛生觀念是
如何與身體
、行為、日
常物件交織
在一起，進
而深刻影響
個人與群體
的關係

學會控制自己的
身體，養成良好
生活習慣，並能
在各種日常器物
的使用上，時刻
提醒自己切勿侵
犯他人

探究活動 A
史料快譯通

在第一堂「為什麼要學歷史」裡，我們已經理解歷史是一門探究「**過去**」的學科，但是過去無法被「直接」觀察，也不能如科學理論一般，以「實驗」來驗證。那麼，歷史學者又該如何觀察研究對象呢？

儘管歷史學家不能親臨現場，參與歷史事件的發生，仍可以透過事件發生過程中遺留的各種「痕跡」，從旁間接想像和觀察事件可能的模樣，而過去遺留的各種痕跡，就是現代歷史學所謂的「史料」。各式各樣的「**史料**」，是現代歷史學者在構思、探究和理解歷史現象、問題時所講求的「**證據**」。接下來，就讓我們像偵探解謎一樣，透過底下諸多史料線索，一起解開有關現代生活裡衛生觀念是如何建立的謎題吧！

▶ Historical Data

底下是與第二堂課文相關的歷史資料，請你先仔細閱讀後，挑戰下面關卡。

A 「臺日漫畫 口罩奇談」，野村幸一編，1938年（昭和13年）1月17日。

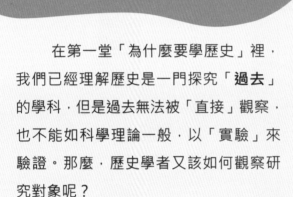

B 患有結核病的病人戴著口罩，圍坐在桌子邊用竹子編織製品。

（圖／外交部照片典藏資料庫藏，行政院農業委員會提供）

C 1980 年代大家好口罩。
（圖／振福企業社提供）

D 伍連德，〈結核病〉，《中華醫學雜誌（上海）》，頁 95-96。

共食制

我國人之飯食係用共食制，無論有病無病，均同桌而食。此種習制，害處甚多。食時心理既覺不適，而疾病尤易互傳。蓋箸端匙邊，均有涎液玷污其上，此中細菌不可計數，且常有病菌潛伏於內。肺結核藉此法而傳染者甚多，故共食制度實有亟須改革之必要。最善之法，莫如分食。

但以社會之習慣，及中菜烹調之法，分食制似不甚適宜。今有行雙副箸匙法者，一副用以取食，他副用以入口，然按國人習慣之食法，亦不甚便，鄙人所發明之衛生餐檯，構造既簡，運用尤便。法以厚圓木板一塊，其底面之中央鑲入一空圓鐵柱，尖端向上。將此板置於轉軸之上。則毫不費力，板可隨意轉動。板上置大圓盤，羹肴陳列其中。每菜旁置公用箸匙一份。用以取菜至私用碗碟，然後入口。此法簡而合宜，甚為適用。

STEP 1

認識史料的分類與依據

在進行一項歷史問題的探究與歷史現象的描述之前，歷史學家會進行歷史資料的蒐集，並加以整理、分類，而後再進行分析。但是，歷史學家對史料的「分類」，並沒有絕對一致的標準。「分類」僅僅是協助歷史寫作者及閱讀者能更便利地從不同史料類型來判斷證據的效力，以便依據歷史資料陳述歷史觀點，並對歷史現象的發生提出合理的解釋。我們可以先從基本的歷史資料分類方法來進一步認識史料的類型。

史料的分類方式

> 原始程度：
> 根據史料出產的「時間」 /
> 根據研究對象與範圍

 一手
史料

 二手
史料

史料的分類依據

多半是歷史事件的文物和當事人的直接紀錄。又有人稱「直接史料」、「原始史料」。

史料的分類依據

非當事人直接紀錄。多半指後人針對歷史事件、文物的討論、解釋或評述。又有人稱「間接史料」。

至於一手史料按照其形式，可以繼續細分為下表中的幾種類型：

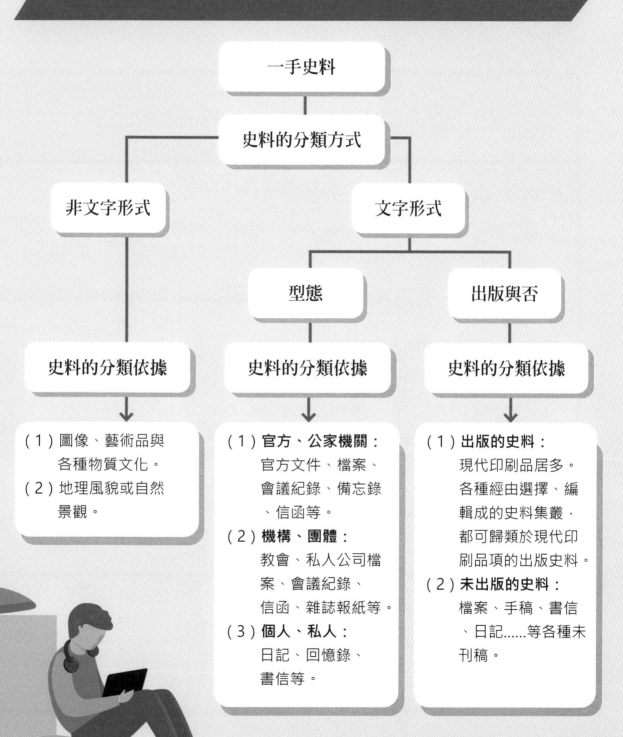

一手史料

史料的分類方式

非文字形式

文字形式

型態

出版與否

史料的分類依據

史料的分類依據

史料的分類依據

（1）圖像、藝術品與
各種物質文化。
（2）地理風貌或自然
景觀。

（1）**官方、公家機關：**
官方文件、檔案、
會議紀錄、備忘錄
、信函等。
（2）**機構、團體：**
教會、私人公司檔
案、會議紀錄、
信函、雜誌報紙等。
（3）**個人、私人：**
日記、回憶錄、
書信等。

（1）**出版的史料：**
現代印刷品居多。
各種經由選擇、編
輯成的史料集叢，
都可歸類於現代印
刷品項的出版史料。
（2）**未出版的史料：**
檔案、手稿、書信
、日記……等各種未
刊稿。

Q 依據前一頁史料分類的方式和依據，請你試著將前述 A、B、C、D 四則歷史資料加以分類吧！

史　　　　料	史料的分類方式
A 「臺日漫畫 口罩奇談」，野村幸一編，1938 年（昭和 13 年）1 月 17 日。	☐ 一手史料　☐ 二手史料 ☐ 文字　　　☐ 非文字
B 患有結核病的病人戴著口罩，圍坐在桌子邊用竹子編織製品。	☐ 一手史料　☐ 二手史料 ☐ 文字　　　☐ 非文字
C 1980 年代大家好口罩。	☐ 一手史料　☐ 二手史料 ☐ 文字　　　☐ 非文字
D 伍連德，〈結核病〉，《中華醫學雜誌（上海）》，頁 95-96。	☐ 一手史料　☐ 二手史料 ☐ 文字　　　☐ 非文字

史料的分類依據

(1) 型　　態：□官方　□機構、團體　□個人、私人
(2) 出版與否：□出版的史料　□未出版的史料

(1) 型　　態：□官方　□機構、團體　□個人、私人
(2) 出版與否：□出版的史料　□未出版的史料

(1) 型　　態：□官方　□機構、團體　□個人、私人
(2) 出版與否：□出版的史料　□未出版的史料

(1) 型　　態：□官方　□機構、團體　□個人、私人
(2) 出版與否：□出版的史料　□未出版的史料

STEP 2

利用史料

再將史料依據性質、研究對象與主題加以分類後，接著可以開始進行史料的分析與利用。有關史料的引述，大致有三種使用技巧，歷史學家會依據史料證據的效力、行文脈絡和時機，來決定使用哪一種方式。

引述史料的 3 種技巧

SKILL 1 引用

直接引述史料，不做任何改動

SKILL 2 摘述

用作摘要的方法，簡潔且精確地縮寫史料，成為你要運用的文字

SKILL 3 轉述

用你自己的話，在不扭曲原文意的狀況下，將史料改寫為你要運用的文字

「旋轉餐檯」就是中餐廳圓桌上供人旋轉的大型轉盤。它是伍連德在1930年代，為了解決肺結核問題所做的設計。這種「旋轉餐檯」其實源自於美國，有一個特殊且帶性別意涵的稱號「懶惰蘇珊」（Lazy Susan）。不過，現在還未能釐清為何要以女性名來描述、指涉這種餐具設計。總之，伍連德「旋轉餐臺」的設計，是為解決中國長久習慣的「共食制」──就是人人皆伸自己的筷子入盤夾菜，這會將每位用餐者的口水混在一起──在伍連德看來，這種混雜眾人口水的飲食法，是華人生活傳統中的陋習、不衛生的日常行為，更是引致肺結核流行的重要原因。

Q1 請你閱讀上面這段文字，找找看，作者有關「旋轉餐檯」的說明，是根據【Historical Data】當中 A、B、C、D 哪一則史料而寫成的呢？

/Ans/

Q2 根據上面這段文字，作者利用這則史料時，所採取的史料引述技巧又是屬於哪一種呢？

/Ans/

Q3 請你根據相同的史料，試著用自己的話語，改寫上面這段文字吧！

/Ans/

STEP 3

提煉觀點並以史料佐證

歷史學的開展與史料的關係密不可分，如何妥善運用史料，從中提煉觀點並且讓史料為你的論述佐證，為你所說的故事增添可信度與可讀性，是產出歷史作品前必須先學習的技巧。

同時，也要注意，不能為了讓自己的論點成立，或遷就行文結構，而扭曲、錯譯了史料的原始意義喔！

運用一手史料的原則

Principle 1 羅列

Principle 2 排列

Principle 3 比對

依據你要解決的歷史問題，羅列出可能適用的史料，確定有多少種種類

依據史料分類和使用的幾種規則，按照證據效力由高到低排列

交叉比對不同種類的史料，以免遺漏可能出現的相關資訊

引用史料的注意事項

Note 1 誠實

作品內任何來自他人的文字、觀念、想法，都必須要註明出處

Note 2 關聯

引述的史料必須與你的論述密切相關

Note 3 效益

一篇沒有引據資料的論文，我們會說它可能是篇言而無信的文章，但一篇滿紙都是引據資料的論文，我們會說作者是在堆砌史料

Q

在【Historical Data】中列舉了與近代
中國和臺灣，在「衛生觀念建立」這項
主題有關的四則材料。底下請你先閱讀
與分析這四項材料，並從中挑選你較感
興趣的其中一則，或綜合分析多則材料
後，搭配本堂課文，試著提煉你對這些
史料的觀點與看法吧！

閱讀與分析的材料

我想試著分析的材料是：
/Ans/

從相應材料中 提煉觀點

我從中得到的看法是：
/Ans/

延伸閱讀 1

歷史學家如何觀察「過去」？

「我們知道，根據定義，歷史學者絕對無法觀察他所研究的事實。研究古埃及的學者無人見過拉美西斯二世（Rameses Ⅱ）。研究拿破崙戰爭的專家不曾聽過奧斯特里茲（Austerlitz）的炮聲。我們只能透過目擊者的轉述來談論較早的時代。根據此一觀點，我們是在困境中——就如同一位警官努力地重建他所未曾目睹的罪行，或如同一位因流行性感冒而臥床的物理學家，只能從實驗室技工的報告中，聽語自己的實驗結果。簡言之，相較於關於現代的知識，過去的知識必然是『間接的』。」

——布洛克（Marc Bloch）著，周婉窈譯，康樂校訂，《史家的技藝》（臺北：遠流出版，2020），頁 71-72。

延伸閱讀 2

史料那麼多種，我該如何使用？

「想像為每個歷史問題找到特別用途的資料，純粹就是幻想。相反的，研究得愈深，愈能從不同資料中凝聚證據的光芒。沒有宗教史家會只滿意於考查一些神學論文集或讚美詩歌。他十分清楚，寺院牆上的繪畫雕刻以及墳墓的布局擺設所能告訴他關於死亡的信仰與感覺的，至少不輸當時的一千件手稿。」

——布洛克（Marc Bloch）著，周婉窈譯，康樂校訂，《史家的技藝》（臺北：遠流出版，2020），頁 90-91。

探究活動 B
史料快譯通
實作練習

在探究活動 A「史料快譯通」中，我們理解了歷史學與史料具有密不可分的關係，在我們嘗試透過描寫歷史現象並且陳述我們的論證觀點之前，我們必須先對我們研究主題的史料有所掌握，同時從中揀選、分類我們所需的材料。

運用史料證據的 3 步驟

STEP 1 掌握史料

進行與主題相關之歷史資料的蒐集、閱讀與分類

STEP 2 利用史料

透過引用、摘述與轉述這三種技巧來引用史料

當我們對論述主題有一定程度的證據準備後，我們才能進一步展開對論述主題的解釋與分析。底下是有關運用史料證據的三個步驟，就讓我們順著這三個步驟，以「日治時期臺灣衛生觀念的建立」為研究主題進行練習，漸進地培養我們挖掘史料的敏銳度吧！

STEP
3
提煉觀點

利用史料支持我的
論述觀點

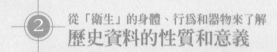

② 從「衛生」的身體、行為和器物來了解
歷史資料的性質和意義

練習主題 ⬤

日治時期臺灣
衛生觀念的建立

STEP 1

掌握史料

進行與主題相關之歷史資料
的蒐集、閱讀與分類。請你
試著利用以下的引導來完成
這一步驟的任務：

資料平台	建議搜尋的關鍵字	
臺灣日記知識庫 https://taco.ith. sinica. edu.tw/ tdk/%E9%A6 %96%E9%A0%81	流行感冒、口罩（マスク）、傳染病、衛生、醫師、肺結核	① 資料來源：　　　資料作者：
		② 資料來源：　　　資料作者：
		③ 資料來源：　　　資料作者：
		④ 資料來源：　　　資料作者：
		⑤ 資料來源：　　　資料作者：
故事 StoryStudio https:// storystudio. tw/		① 資料來源：　　　資料作者：
		② 資料來源：　　　資料作者：
		③ 資料來源：　　　資料作者：
		④ 資料來源：　　　資料作者：
		⑤ 資料來源：　　　資料作者：

Task 1

歷史資料的蒐集與閱讀

歷史資料依據資料形成的時間與研究主題和範圍，可以分為一手史料與二手史料，底下請你利用兩個資料平台，進行這兩種材料的蒐集吧！

搜尋結果
資料時間：　　　　　　　內容摘要：
資料時間：　　　　　　　內容摘要：
資料時間：　　　　　　　內容摘要：
資料時間：　　　　　　　內容摘要：
資料時間：　　　　　　　內容摘要：
資料時間：　　　　　　　內容摘要：
資料時間：　　　　　　　內容摘要：
資料時間：　　　　　　　內容摘要：
資料時間：　　　　　　　內容摘要：
資料時間：　　　　　　　內容摘要：

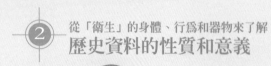
Task 2

歷史資料的整理 當我們進行資料蒐集與閱讀，羅列出相關史料後，接著可依據史料分類方式、使用的規則，或者按照與寫作論點關聯度及證據效力的高低，揀選相應史料後，進行結構性的整理與排序。

資料平台	歷史資料的整理（可依據史料分類方式、使用的規則，
臺灣日記知識庫 https://taco.ith. sinica. edu.tw/ tdk/%E9%A6 %96%E9%A0%81	①　資料來源：　　　　　　　　　資料作者： ②　資料來源：　　　　　　　　　資料作者： ③　資料來源：　　　　　　　　　資料作者： ④　資料來源：　　　　　　　　　資料作者： ⑤　資料來源：　　　　　　　　　資料作者：
故事 StoryStudio https:// storystudio. tw/	①　資料來源：　　　　　　　　　資料作者： ②　資料來源：　　　　　　　　　資料作者： ③　資料來源：　　　　　　　　　資料作者： ④　資料來源：　　　　　　　　　資料作者： ⑤　資料來源：　　　　　　　　　資料作者：

或者按照與寫作論點關聯度及證據效力的高低重新排序）

資料時間：　　　　　　內容摘要：

資料時間：　　　　　　內容摘要：

資料時間：　　　　　　內容摘要：

資料時間：　　　　　　內容摘要：

資料時間：　　　　　　內容摘要：

資料時間：　　　　　　內容摘要：

資料時間：　　　　　　內容摘要：

資料時間：　　　　　　內容摘要：

資料時間：　　　　　　內容摘要：

資料時間：　　　　　　內容摘要：

Task 3

歷史資料的分析 揀選相應史料後，交叉比對不同種類的史料，並仔細記錄下可能出現的相關資訊，以及史料彼此間可能產生的關聯。

歷史資料	① 資料來源： 資料作者：
	② 資料來源： 資料作者：
	③ 資料來源： 資料作者：
	④ 資料來源： 資料作者：
	⑤ 資料來源： 資料作者：
資料反映的訊息	①
	②
	③
	④
	⑤

綜合以上資料所反映的訊息

①

②

③

資料時間：　　　　　　內容摘要：

資料時間：　　　　　　內容摘要：

資料時間：　　　　　　內容摘要：

資料時間：　　　　　　內容摘要：

資料時間：　　　　　　內容摘要：

STEP 2

利用史料

　　在行文時，徵引史料作為論點佐證，以梳理歷史事件或歷史現象裡的因果關係，是歷史學的學科特色。雖然在傳統歷史學的研究裡，並不特別標注各類史料的來源；但在現代史學研究中，作者標注各類史料來源並且提煉出自己觀點的做法，不僅彰顯作品的可信度，同時也能讓讀者循線探索作者使用了哪些資料，增加作者與讀者在此基礎上的對話空間。以下就請你試著將你所揀選且分析的歷史資料，依據資料的屬性、篇幅的大小、資訊的完整程度等面向，選擇一手史料（臺灣日記知識庫）與二手史料（故事 StoryStudio）各三條，來練習史料利用的三種技巧吧！

利用史料的技巧　一手史料（臺灣日記知識庫）

引用
資料來源：
資料作者：
資料時間：
引用內容：

摘述
資料來源：
資料作者：
資料時間：
摘述內容：

轉述
資料來源：
資料作者：
資料時間：
轉述內容：

利用史料的技巧　二手史料 (故事 StoryStudio)

引用

資料來源：_____

資料作者：_____

資料時間：_____

引用內容：_____

摘述

資料來源：_____

資料作者：_____

資料時間：_____

摘述內容：_____

轉述

資料來源：_____

資料作者：_____

資料時間：_____

轉述內容：_____

STEP 3

提煉觀點

　　所謂歷史論證，就是在陳述歷史現象之後，依據史料證據，提出個人觀點並說明理由。而「歷史現象」、「史料證據」與「個人觀點」三者之間並沒有一個固定的寫作順序，而是視敘述者的觀點視角、寫作方法，以及史料種類等

因素展開排列組合，只要多加練習，就能找到屬於自己的風格。以下就請你試著從前述步驟揀選的史料所反映的訊息，針對你想陳述的歷史現象或事件，提煉出你的觀點並敘明這個觀點的理由，以及支持這個觀點的史料證據吧！

如何進行歷史論證

描寫歷史現象

陳述觀點／論證 展開三者的
排列組合

引據歷史資料

擬定研究主題	
描寫歷史現象	
陳述個人觀點	
提出說明理由	① ② ③
舉出史料證據 （運用 3 種技巧）	① ② ③

掌握史料證據的 3 步驟

蒐集、閱讀與分類

引用、摘述與轉述

STEP

1

掌握史料

STEP

2

利用史料

伊拉斯謨斯於 16 世紀出版一本談禮儀規範的《論孩子的行為舉止》

這本小書告訴當時讀者，身體外部形象如實反應一個人的內心世界，我們對於部分不禮貌的行為，例如鼻孔裡充滿鼻涕；農夫用帽子或圍裙擦鼻涕；廚師以手來擤鼻涕並擦拭於衣服上；應該感到羞恥並想辦法制止做這般行為的衝動。

支持論點的理由與證據

STEP
3

提煉觀點

▶

NEXT LEVEL

歷史解釋

這種控制身體與行為的想法一旦行諸成文，就有成為「知識」繼而制定為明文規範的可能

從 牛仔褲的
跨國旅行
來了解

歷史解釋的
概念與詮釋

　　以牛仔褲的全球史為案例，展示史家如何
針對特定社會、文化現象，通過挖掘歷史資
料，並結合各別時空環境的脈絡化解讀，以建
立歷史解釋，如牛仔褲在美國社會誕生與變化
的歷程、近代東亞地區的流行和再製，都是在
特定歷史因素相互交織影響下才能成形。

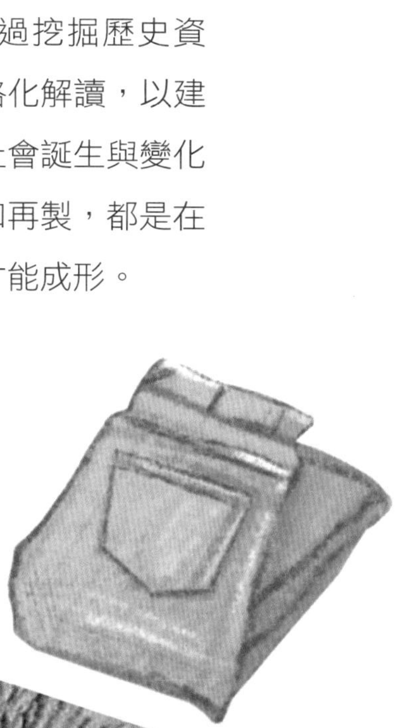

　　牛仔褲，稱它是當代最為流行，最能跨越世代差距的衣著單品也不為過。各位讀者一定遇過這樣的情況：臨要出門，還未能決定今日的穿著打扮，這時候，牛仔褲甚至是丹寧面料的單品，就很容易出現在你的選項之中。在你們繼續往下讀之前，建議各位先打開衣櫃，數數自己究竟擁有幾條牛仔褲？不論品牌、顏色深淺、有無加工破壞乃至於各式版型；可以肯定的是，每個人一定都擁有複數的牛仔褲。有人甚至是熱衷於收藏各種品牌、年份的牛仔褲。

　　然而，當我們每次不假思索地套上這條褲子時，可曾想過為什麼這樣一條藍色、面料有點粗硬、取名為「牛仔褲」的褲裝，會成為時下最為普遍常見的穿著打扮？假使它原先是設計給牛仔，又為什麼會成為不分國家、族群、文化、階級、性別、年齡都擁有且慣於穿用的衣著？

　　這之間究竟經歷何種改變，是多

少人的參與，才得以讓一條平凡無奇的褲子，轉為從街頭巷尾到時尚舞台，在各式場合都能看見的衣著裝扮，甚至被描述為一種特定的文化現象？

事實上，穿在我們身上的牛仔褲，承載了一段複雜又迷人的歷史。在這條褲裝上，藍色染製的深淺面料，各種番號、粗細、顏色的棉線，以及不同材質、型式的鉚釘和扣子，三者構作成的各樣牛仔褲裝，交織了西方國家於 19 世紀後期在經濟、工業層面的

蓬勃發展，城市大眾文化興起，乃至於戰爭期間特殊影響的歷史印記。

牛仔褲於亞洲流行的背後，更隱藏了 1960 年代後期，美國文化深刻影響東亞地區的痕跡。這樣說來，當你打開衣櫃，挑選今天想穿的牛仔褲時；抑或當你走入店家，挑選一條 Levi's 501 甚或是 LVC 的復刻褲時，其實你也正在挖掘這段歷史，這段屬於物質文化和現代世界交織纏繞的歷史。

從勞動者的工作服到大眾流行的褲裝

拿起手邊的一件牛仔褲，映入眼簾的會是：皮帶環或後腰調節環，印有品牌的圖案和字樣的皮革或紙製方形標誌，正面兩個口袋及一個零錢袋，兩個往往會縫上品牌象徵性縫線的後口袋，深淺不一的丹寧斜紋面料並由排扣或拉鍊，加上數量不等的鉚釘和棉線縫製而成；這些元素構成了我們關於現代牛仔褲樣式的基礎記憶。以大家最為熟悉的視覺印象來說，純棉布料和金屬器材的結合、後口袋的海鷗線，以及印製在紙標／皮標上兩個

人分頭駕著兩匹馬，從左右兩側拉扯一件褲子的圖案，就應該是我們最為熟悉的 Levi's 牛仔褲樣式。然而，這些最具辨識性的標誌，在在說明了這件褲子在 19 世紀末被設計出來的初衷——一件給工人，強韌、耐穿的褲子——現在，這些元素卻成了人們將牛仔褲視同為年輕、自由、浪漫的符號，從勞動階層轉入年輕人、一般大眾身上，甚至成為流行和時尚的代號。

歷史思想

事實上，當時候很多款牛仔褲的後口袋樣式，都設計得很像海鷗線，這是與當時李維公司以此標誌註冊商標時間較晚，以致大家可能爭相模仿所致。據現有資料指出，如 LEE 的波浪紋，其實也是後來為了和 Levi's 做區隔才慢慢調整成形。而我們現在若觀察日本著名復刻品牌，如 Evisu、Fullcount、Studio D'artisan、Warehouse，他們的後口袋縫線其實都有向 Levi's 海鷗線致敬的痕跡。

美國掏金熱與牛仔褲的誕生

　　19 世紀美國西部的掏金熱，加上巴伐利亞施行的猶太人法，將史特勞斯家族的李維（Levi Strauss）這位猶太青年推向當時的黃金之城舊金山，此舉間接促成李維牛仔褲的誕生。作為工作服的首要條件，就是能耐受各種穿用的習慣和環境。褲子布料的組裝結合，必須在單單使用綿線縫合上，增添其他工序或器材，才可能達成這點。

　　鉚釘，這個當時被用來作為「固定」和「強化」的材料便被注意到。不過，這並非李維的構想，而是另一位猶太移民雅各布‧戴維斯（Jacobs Davis）的靈光一現。兩人於 1870 年代，陰錯陽差地建立了合作關係，打造出專門給工人的衣物，名為以「丹寧或帆布製成」，「用鉚釘固定口袋口的工作褲」（denim and duck Overalls）；這是當時李維公司刊登在報紙上的廣告，和他們向政府申請專利時的敘述。呈現在當時消費者眼前的，就是一件給從事製造或相關工作者亦或牛仔使用，打上鉚釘的工裝褲（Overalls）。於是，現在被視為牛仔褲裝或相關服飾最鮮明的標誌——外露式鉚釘——其實是出於加強褲裝耐穿度的單純想法。

品牌象徵的牛仔褲皮標

與「工作褲」的設計初衷相關的，還有褲子背後那塊紙質或皮革做的方形標。最早，李維公司外縫上這塊皮革方牌，是為標識「這是一條取得專利」的褲裝。在當時正漸興盛的成衣業競爭行伍中，這是李維為爭勝且保障自己商業利益的做法。漸漸的，公司構想將商標放在這塊皮標上，想出「雙頭馬車」的概念：兩匹馬車從左右側拉扯褲子這圖案。仔細看，馬車拉扯的兩端，正是牛仔褲由鉚釘接合之處，是最為強固的地方。這是一個非常直覺、好辨認和理解的圖案。連馬車都無法破壞的褲子，就是你們需要的衣物。

「誰」是最大宗的需求者呢？自然是那些從事掏金、牛仔以及相關勞力產業者。事實上，這類商標設計，在 19 世紀末期頗成一股風潮。在李維公司設計出「雙頭馬車」前兩年，即有成衣競爭業者設計出一個人拉扯兩隻褲腳的商標圖。其後，更有幾家公司也做了相仿的設計。這種競爭情況在在凸顯，工作褲的需求升高，引致各家廠商爭相製作高強度的褲裝。誠如李維這個「雙頭馬車」，甚至可讓不諳英文的墨西哥籍工人，都能按圖索驥找到他們需要的，一件打上鉚釘的工作褲。

牛仔褲成為流行服飾的契機

那麼，一件專門給勞動者的工作裝，為何會成為大眾爭相追捧的流行

服飾？它突破使用者社會階層的契機，交織了社會、文化、經濟與工業技術此些面向之因素，甚至連二次世界大戰物資管制，都對現代牛仔褲起到不小程度的影響。20世紀的美國西部，開始發展「觀光牧場」這種結合牧場、牛仔競技以提升鐵路使用率和牧場生意的國民旅遊。走入這個主題樂園，映入眼簾的自然是許多穿著丹寧褲的牛仔。同時，好萊塢電影工業推出大量以「西部」、「牛仔」為主題的電影，也加深人們對藍色丹寧褲的印象。

想像一下，當你進入主題樂園是為扮演牛仔；觀賞西部片時，也是看著這些身著藍色褲裝的男性，人們自然對這件褲子產生更高興趣。「牛仔」作為一個強烈的視覺印象，不僅刺

激更多廠商投入丹寧褲生產行伍（如 LEE 的 101 系列），更促使李維推出女性丹寧褲 LADY LEVI'S。此舉突破了過往以男性工作服為取向的性別限制。

二戰後牛仔褲的大眾化

然而，這件褲子要真正大眾化，二戰迫使美國施行的物資管制或許起到不小作用；它強制成衣業削減用料，進而褪下了丹寧褲濃重的工作服式樣及味道。有人認為，管制令對李維公司來說，不失為是一段成衣設計和製作的實驗時期。回過頭來看，結果或許是成功的。

取消後腰調節環和胯部強化鉚釘的褲子，看來更為簡單、輕便，也讓李維公司於戰後陸續設計出更多樣式與風格的產品，讓丹寧褲更能與大眾日常生活結合。例如，在常春藤風（IVY Style）流行時，李維公司就趁機和消費者說，現在你應該穿著牛仔褲去學校了。

另方面，隨著愈來愈多電影角

色以丹寧褲定裝，如馬龍白蘭度（Marlon Brando）、史蒂夫麥昆（Steve McQueen）、馬蒂麥佛萊（Marty McFly）主演的《飛車黨》（The Wild One）、《何處是歸程》（Baby The Rain Must Fall）、《回到未來》（Back to the Future），觀眾都可在螢幕上看著這些男主角穿著丹寧褲穿梭在各種場景、情境。這些電影或許虛構了人們不會遭遇的情節，卻於現實生活裡，將 501 牛仔褲轉化為日常生活甚或是流行時尚的符號，促成廣大消費潮流。從 1873 年，李維和雅各布聯手在丹寧斜紋布打上鉚釘開始，這件褲裝終於在二次大戰後，從 Overalls 轉為人人身上那條最合適的 Jeans。

歷史思想

此舉暗示牛仔褲是可以和襯衫、毛衣、樂福鞋搭配的衣著作品，而進入常春藤風格也意味著牛仔褲被美國東岸的大學院校學生接受。他們就是一群在社會地位、階層高過藍領勞工階級的青年。

牛仔褲象徵意義的轉變

19 世紀末	20 世紀初	二戰後
設計給勞動工作者的工作褲	觀光牧場和電影裡的牛仔形象	轉變為日常生活服飾穿搭的一環，搭配電影角色的推波助瀾，成為潮流時尚的代表

到阿美橫町買一條美國大兵的褲子

對傳播和大眾文化研究卓有成績的費斯克（John Fiske）在《理解大眾文化》中，對牛仔褲這件消費商品有一段獨到且帶點趣味的見解：「正如西部邊疆的開拓乃是美國歷史上一個獨特而明確的階段一樣，牛仔褲也被視為一種獨特而明確的美國服裝，這也許是美國對國際時裝行業唯一的貢獻。」＊費斯克此言，或許對美國的時尚品味略帶諷刺意味，但也反襯出這件工人服最終流行全球，並將美國特質傳介各地的結果。

從一些例子來看，人們對牛仔褲的追捧，確實隱含著對美國精神、文化自覺或不自覺地崇奉。牛仔褲或丹寧服飾的全球化，一方面確實促成部分時尚、流行元素趨同於美國；但更值得注意的是，牛仔褲文化也在不同國家、社會文化情境中，開展出獨特的在地模樣。

＊約翰・費斯克（John Fiske）著，
王曉珏、宋偉杰譯，《理解大眾文化》（北京：
中央編譯出版社，2001），頁8。

為東亞帶來新風潮的美國牛仔褲

牛仔褲在近代東亞地區的故事，就是很好的例子。二戰結束後，美國勢力在遠東地區崛起，它不僅重建了戰後東亞的區域秩序，也進一步改換了亞洲人的衣著習慣。戰後日本就是在這種脈絡下，遇見了駐

牛仔褲於日本的「在地化」歷程

1950 年代	1960 年代	1970 年代
美國大兵來到日本，是勝利者的象徵。也有美國電影中的壞小子、亡命之徒的形象	美國嬉皮風潮盛行，成為自由、反叛、革命的象徵。甚至與日本左派青年抗議運動結合	日本開發屬於自己的丹寧布料和服飾，達到對牛仔褲的「復古」，展現日本對美國文化的再造

地美軍身上的丹寧褲裝。盟軍占領期間，士兵時常典當、變賣自己的舊牛仔褲，此舉讓位處東京的阿美橫町自 1950 年代末起，出現一個可交易二手或其他管道取得之美軍服飾的市場。「美國大兵褲」（G-Pan），是當時在此處交易者對這種藍色丹寧褲裝的稱呼。在這別名上交織了當時日本人對牛仔褲的多重想像。它既是勝利者的象徵，又是獨特稀有的服飾，更因著前述美國電影角色的形象，混雜了壞小子與亡命之徒的味道。於此，這件褲子重新替日本青年建立了一種，對美國文化混雜式的認同。

發展至 1960 年代，隨著美國嬉皮風潮盛行，牛仔褲在日本青年眼中更是自由、反叛甚至是革命的象徵。而它真的參與了當時日本的社會革命，和 60 年代左派青年的抗議運動結合，形成一個奇特景象：日本抗議青年穿著最具美國精神的衣物（不少是 Levi's 501），抵禦美國帝國主義對國家的侵擾。

日本對牛仔褲的重新思考與再造

60 年代的抗議風潮褪盡，日本成衣產業終於 1970 年迎來牛仔褲和丹寧服飾的盛況。這是一個由自己獨立開發屬於純正日本丹寧面料和服飾的時代，展現現代日本對「美國」／「美式文化」重新思考後所做的突破。這還是一種以日本傳統技藝以達成「復古」，將現代牛仔褲回復到 19 到 20 世紀還屬於工作服型態的企圖。此舉不僅將現代日本推向了丹寧服飾業的高峰，也促使日本在棉花原料、縫紉器械和染色技術有長足的進步。

現在，人們若想購買品質精良，最能展現丹寧褲原始、勞動階級服裝風貌的褲裝，日本品牌會是多數收藏家的首選。穿在他們身上的件件復古丹寧褲，或得讓日本擺脫美國軍事占領的陰影。只是，在將消費者帶回 Levi's 501 誕生的 19 世紀末的同時，卻又以某種形式再現了美國流行文化深刻作用於當代日本的痕跡。

舶來的褲裝掀起在地革命

從美國輸出的牛仔褲，穿越了日本來到臺灣，展現戰後美國文化全球擴展的軌跡，也反映臺灣本地如何接納及涵轉外來物質和文化。這段發展很適合本文充作牛仔褲全球史故事的結尾。我們先看一段小說《古都》裡的描述：

有次 A 為了買一條據說是 P. X. 流出的真正的 Levi's 牛仔褲而進過晴光市場，裡面迷宮一樣……你們也一定進福利麵包店，翻譯小說裡才能看到的糕點糖果，讓你們有置身異國之感，例如年末時的聖誕布丁、加了奇怪香料的麵包、豐盛的肉類製品和牛油……足供你們幻想一種十倍於你們國民所得的生活，雖然你們的零用錢往往在買了一顆含堅果的巧克力便告傾家蕩產，難怪你們其中一人會說，發誓我將來賺了第一筆薪水要來買個夠。*

這是小說家朱天心筆下的臺北市景，時間應不晚於 1950 年代左右，是美援經濟體制下，充滿美國元素的景象。文章提到的「真正的 Levi's 牛仔褲」之出處 P. X.，即為美軍福利中心。或許，這就是 20 世紀臺灣較早接觸美式丹寧服飾的管道。

＊朱天文，《古都》
（臺北：印刻文學，2006），頁 176。

代表自由、反抗威權的牛仔褲

和日本一樣，美國在介入臺灣政治、經濟與社會的同時，還改變了我們的衣著習慣和流行文化。1950、60 年代，隨著韓戰、越戰接連爆發，駐臺美軍數量漸增，作為提供美國大兵休息復原基地（Rest & Recreation）的臺灣，也迎來了正統的美國文化。當時臺灣人購買美國丹寧褲的管道，除了黑市、二手市場或各種管道的流出品外，就是愈益興盛的委託行，專門販售舶來品。如基隆港一帶就是委託行的聚集地，船員或美軍下船後，即可變賣手上物品，其中自然有各類牛仔褲或丹寧服。這種聚集經濟的效應，更形成現今基隆仍存在的「牛仔街」，它過往提供耐穿的丹寧服飾給

勞工階級，現則成為人們挖寶、撿便
宜的地方。

　　這時，牛仔褲也被青年男女視為
反抗和抗爭的符號，好似穿上這件青
藍色的褲裝，就能突破戒嚴時代的重
層限制。如同美國嬉皮的破損丹寧褲，
日本左派分子走上街頭時的穿著，逃
避警備總部取締的臺灣青年，也穿著
丹寧褲、喇叭褲、皮衣與厚底鞋。脫
離勞工服裝設定的牛仔褲，在成為流
行、時尚商品的過程中，轉為了自由
的符號，不論在西方世界，二戰後的
日本和臺灣，它都被視為反抗權威、
勢力的象徵。而這仿佛暗暗呼應了，
李維為擺脫猶太人身分限制而離家的
勇敢行動；Levi's 和牛仔褲的成功，
也在各種機緣巧合下，將他當年試圖
爭取的自由，推向了全世界。

重點整理

本堂要點
史家與歷史解釋

　　本堂以牛仔褲的全球史為案例,展示史家
如何針對特定社會、文化現象,通過挖掘歷史
資料,並結合各別時空環境的脈絡化解讀,以
建立歷史解釋。文章呈現兩條線索:牛仔褲在
美國社會誕生與變化的歷程、牛仔褲在近代東
亞地區的流行和再製。兩條線索合而展示了,
牛仔褲在西方世界的誕生與全球流行,都是在
特定歷史因素相互交織影響下才能成形。牛仔
褲在美國的製造、普及進而轉為流行文化元
素,是受惠於經濟、工業發展、城市大眾文化,
包括電影及旅遊業之興旺,加上戰爭時期的經
濟影響所致。

　　而牛仔褲在東亞地區的傳入與流行,則凸
顯二戰後美式文化在全球擴張的軌跡,也反映
日本與臺灣接納和轉化外來物質與文化的特殊
歷程。於此,讀者可以看見,歷史的觀察和解
釋,是要將研究對象置回特定時空環境底下來
理解;藉此,即可針對牛仔褲這樣當代流行的
物質文化,形成更具時空縱深,且結合全球視
野的認識。

參考書目

1. 大衛 ‧ 馬克思（W. David Marx）著，吳緯疆譯，《洋風和魂：日本如何在戰後歷史與文化交流中保存了美國時尚風格》（臺北：八旗文化，2018）。

2. 青田充宏著，王美娟譯，《從工作褲到時尚單品：Levi's 501XX 牛仔褲的誕生》（臺北：臺灣東販，2018）。

3. 倪重華、故事 Story Studio 編著，《捌零 ‧ 潮臺北》（臺北：大塊文化，2021）。

4. 約翰 ‧ 費斯克（John Fiske）著，王曉珏、宋偉杰譯，《理解大眾文化》（北京：中央編譯出版社，2001）。

歷史建構的過程

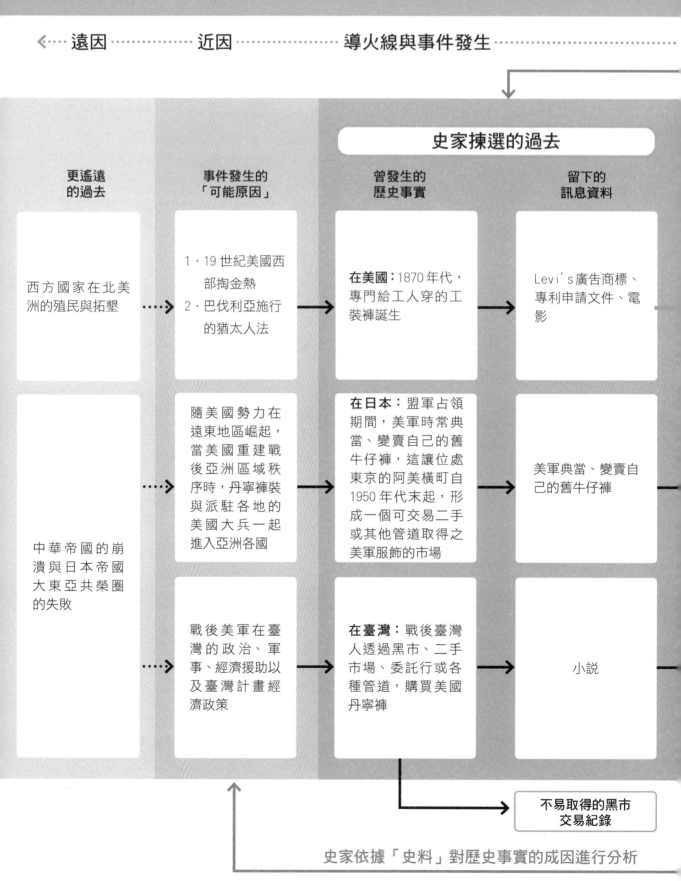

← ⋯⋯ 遠因 ⋯⋯⋯⋯⋯ 近因 ⋯⋯⋯⋯⋯⋯ 導火線與事件發生 ⋯⋯⋯⋯⋯⋯

史家揀選的過去

更遙遠的過去	事件發生的「可能原因」	曾發生的歷史事實	留下的訊息資料
西方國家在北美洲的殖民與拓墾	1．19 世紀美國西部掏金熱 2．巴伐利亞施行的猶太人法	**在美國**：1870 年代，專門給工人穿的工裝褲誕生	Levi's廣告商標、專利申請文件、電影
中華帝國的崩潰與日本帝國大東亞共榮圈的失敗	隨美國勢力在遠東地區崛起，當美國重建戰後亞洲區域秩序時，丹寧褲裝與派駐各地的美國大兵一起進入亞洲各國	**在日本**：盟軍占領期間，美軍時常典當、變賣自己的舊牛仔褲，這讓位處東京的阿美橫町自1950 年代末起，形成一個可交易二手或其他管道取得之美軍服飾的市場	美軍典當、變賣自己的舊牛仔褲
	戰後美軍在臺灣的政治、軍事、經濟援助以及臺灣計畫經濟政策	**在臺灣**：戰後臺灣人透過黑市、二手市場、委託行或各種管道，購買美國丹寧褲	小說

不易取得的黑市交易紀錄

史家依據「史料」對歷史事實的成因進行分析

面向過去尋求解答

史家對過去歷史的建構與詮釋

今日

歷史解釋　　　　　　　我們以為過去可能的樣子　　　　問題意識

在這條褲裝上，藍色染製的深淺面料，各種番號、粗細、顏色的棉線，以及不同材質、型式的鉚釘和扣子，三者構作成的各樣牛仔褲裝，交織了西方國家於 19 世紀後期在經濟、工業層面的蓬勃發展，城市大眾文化興起，乃至於戰爭期間特殊影響的歷史印記

牛仔褲只是日常非正式的普遍穿著或舊時美國勞工階級服飾

START
牛仔褲作為衣著裝扮，如何演繹特定文化現象，其背後又與哪些時代背景交織成史

日本人對牛仔褲的多重想像：1950 年代替日本青年建立了對美國文化的新的、混雜的認同；1960 年代，牛仔褲在日本青年眼中是自由、反叛甚至是革命的象徵，日本抗議青年穿著最具美國精神的衣物來抵禦美國帝國主義對國家的侵擾；1970 年代，展現現代日本對「美國」／「美式文化」重新思考後所做的突破

閱讀、理解與思考後

對今日生活的影響

1. 美國在介入臺灣政治、經濟與社會的同時，還改變了我們的衣著習慣和流行文化
2. 展現戰後美國文化全球擴展的軌跡，也反映臺灣本地如何接納及涵轉外來物質和文化
3. 牛仔褲也被青年男女視為反抗和抗爭的符號，好似穿上這件青藍色的褲裝，就能突破戒嚴時代的重層限制

物質文化與現代世界交織出歷史，形成了今日我們日常生活的一部分

1. 牛仔褲成為時下普遍穿著
2. 幾乎人人都有牛仔褲

探究活動 A
用歷史創造一門好生意

說明

STEP 1

利用「台灣工業文化資產網」
https://iht.nstm.gov.tw/）,
瀏覽有關臺灣產業文物史料、
產業故事及口述歷史等資料。

STEP 2

請於該資料庫中,選擇 2-3 個
感興趣的產業類別,分別進行
文物史料、產業簡史、口述歷史
等資料的搜尋,並利用表 1 進行
資料整理

STEP 3

試著針對【step2】的搜尋,利
用表 2 寫下觀察到的訊息,並
進一步推敲在這些商品與商標
中,是否存在著不同時代背後所
反映的企業精神與消費社會的
特色。

STEP 4

請就所感興趣的產業,選擇一個
代表企業,利用其他資料庫或圖
書館擴大資料的搜尋範圍,探究
產業發展的歷史背景及企業精
神,利用表 3 製作一份給當代
消費大眾的行銷文案吧!

表 1

產品類別			
文物史料			
產業簡史			
相關口述歷史			
其他可參考資料			

表 2 請你從下方表格的「①欲探究的產業類別」出發，按照表格上的數字，依序填寫相關內容。

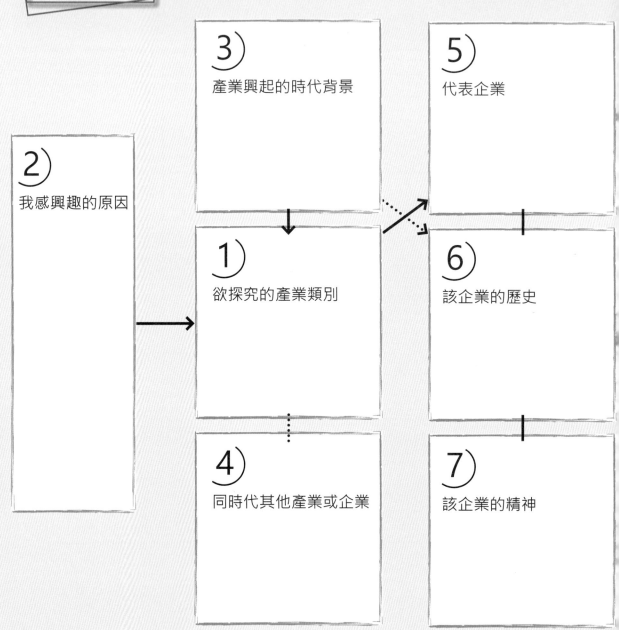

3) 產業興起的時代背景

5) 代表企業

2) 我感興趣的原因

1) 欲探究的產業類別

6) 該企業的歷史

4) 同時代其他產業或企業

7) 該企業的精神

8) 與該企業有關的事件、人物或知名產品

11) 我認為值得提出的問題以及該產業的歷史發展，對今日社會文化的影響

9) 該企業產品或商標所反映的時代意義

10) 相關研究成果

以上內容的資料來源

表 3

STEP 1 提問題

盤整自己手邊既有之資料與資源，釐清該企業或商品目前遇到的銷售問題與瓶頸。

STEP 2 懂商品

具體陳述該企業精神，並試著以具像方式表達企業商品的特色。

STEP 3 找客群

構思哪些類型消費者對該產品感興趣或有需求。

STEP 4 下標題

利用產品特色或抓住客群需求，
用好標題激發客群對商品的情感
或期待。

STEP 5 說故事

融入企業史與企業創業精神，為
企業或商品增加記憶點，提升品
牌形象。

實例參考

1 · 統一麵廣告——小時光麵館
　　https://www.youtube.com/watch?v=ofuu6UwBYpI

2 · 中國信託偉士牌衝鋒隊

探究活動 B
撰寫論點

請你透過前面兩堂探究活動學習到有關問題意識和歷史資料的知識，進行提問發想與資料彙整，最後建立屬於你的論點和解釋。

掌握問題意識

我的核心提問

彙整佐證資料

能作為佐證的關鍵資料

相關研究所提出的觀點

透過資料佐證，經獨立思考後，提出具創見的論點

1)

2)

提
出 → 論
點

3)

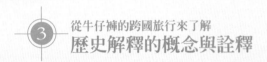
陳述歷史解釋的 3 個重點與 5 個步驟

觀察歷史現象

閱讀、評估與

STEP 1
選擇特定
歷史現象

牛仔褲在美國的
誕生

STEP 2
針對現象
擬定問題

牛仔褲作為衣著裝
扮,如何演繹特定
文化現象,其背後
又與哪些時代背景
交織成史

STEP 3
蒐集
相應材料

Levi's
廣告商標

STEP 4

歸納材料所呈現之歷史現象的特徵

勞動階層

服裝需求

↓

流行文化

的象徵

STEP 5

推衍具憑據的觀點

牛仔褲的背後反映物質文化與現代世界交織出的歷史

NEXT LEVEL

觀點

與

爭議

從 現代性
和 傳統的論辯
來了解
歷史觀點與爭議

　　每項歷史觀點的背後，都帶有發言者自身的立場，沒有誰高誰低的分別。對歷史的觀點與爭議進行對錯的判斷，並不是一件容易的事。我們要做的是回到歷史的現場，思考當時的人為什麼會提出這樣的觀點，會進行這樣的論辯。從近代修築鐵路的例子，正好可以看出「一種觀點、各自表述」的立場。

　　2021 年 4 月 2 日，臺灣發生了歷史上傷亡極為重大的工安事故：臺鐵太魯閣號出軌事件。載有多名乘客的太魯閣號在行經隧道時，與滑落邊坡的工程車碰撞造成列車脫軌，高速衝進隧道並衝撞隧道壁，造成 49 人死亡和 247 人輕重傷的工安事件。這起事件不僅引起臺灣各界重新反思工安問題乃至臺鐵的體制組織經營，也讓原屬交通安全正面形象的鐵路運輸，蒙上一層恐懼的陰影。

　　火車作為一項出現在 19 世紀初的發明，一開始本意是用來運輸煤、鐵的工具。1804 年，一位名叫特里維西克（Richard Trevithick）的威爾斯發明家，發明了一款名為「噴煙魔王」（Puffing Devil）的蒸氣火車頭，並成功讓這項裝置成功拖行裝有 10 噸鐵礦外加 70 名乘客的 5 節車廂，在 4 小時內跑了 15 公里。自此，搭配鐵軌的改良與鋪設，鐵路運輸的歷史就此步入正軌，迄今都未見停歇。

　　然而，當鐵路第一次出現在人們的視野時，是否真如我們現在感受到的一樣正面？作為「現代性」表徵的鐵路，在「現代性」反面的討論是什麼？在這一堂課中，我們就要以近代中國的鐵路為例，討論關於鐵路的正反意見，藉此思考歷史的觀點與爭議。

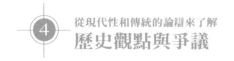

當鐵路誕生於歐洲

1814 年，被稱之為「鐵道之父」的英國人史蒂文生（George Stephenson）設計了他的第一個火車頭「布呂歇爾號」。1825 年，史蒂文生和他的兒子羅伯特・史蒂文生（Robert Stephenson）一起製造了「動力一號」（Locomotion No. 1），這是世界上第一個在公共鐵路上載客的蒸汽火車。自此之後，歐洲各國相繼步上鐵路的冒險之旅。鐵路運輸成為 19 世紀最重要的技術發明之一，也是工業革命關鍵的組成部分。

在當時，鐵路一方面給人們帶來史無前例的感受，更新了人們對時間的感覺。舉例來說，因為要搭乘火車的關係，人們必須提早到站等候火車的到來，這使得人們發展出「守時」的習慣，也因為火車時刻表的出現，讓人們對於生活中的時間劃分更加細緻，嚴格的時間表出現在人們的生活當中。

然而，火車所帶來的便利性也不全然是正面的形象。19 世紀的歐洲中產階級飽受一項心理疾病所苦：「焦慮」。當時的人們知道，焦慮並不是只有一種。焦慮可以是非理性的，也

可以是由客觀環境所引起的。當時的
醫生認為由焦慮所引起的神經衰弱，
主要原因來自於「現代文明」，所謂
的「現代文明」就是有五件事情是過
去文明所沒有的，這五件事情分別為：
蒸汽動力、期刊報章、電報、科學和
女性從事心智活動。火車正是蒸汽動
力的化身。

文學家筆下的鐵路形象

　　對 19 世紀的歐洲人來說，沒有一項發明比鐵路讓人感覺是生活在一個巨大改變的時代。當時有一位文人是這樣描寫鐵路的：「我們這些生長於鐵路興起前的人是屬於另一個世界的。」這樣的說法不免誇張了點，但也可以看出當時的人們對於鐵路的震撼性感受。這位文人又接著說印刷術如果有將文化推向「現代化」的功勞，那麼，鐵路則像是「開啟了一個新紀元」。這樣的感受也隨之帶來焦慮。

對愈來愈多的中產階級乃至於工人來說，鐵路將他們的居住地與原有的生活方式連根拔起，摧毀了原本的商業城鎮而造就了一些新的，這使得他們面臨失業和離鄉背井的焦慮。

相較於鐵路的正面形象，文學家更多時候是將火車視為邪惡的威脅力量。這當然與當時火車頻傳的工安事故，以及當時的報紙喜歡鉅細靡遺地報導這些意外，有很大的關係。

狄更斯（Charles Dickens）小說《董貝父子》（Dombey and Son）中的壞蛋是被火車撞得體無完膚。左拉（Émile Zola）的小說《衣冠禽獸》（La Bête humaine）的高潮是兩位正在格鬥的人，被火車碾過，身首異處。英國詩人威廉‧華茲渥斯（William Wordsworth）在 1844 年發表的詩作，就是要表達反對在他心愛的湖區修建鐵路，認為這會破壞景觀之美。甚至鐵路還擁有一種它專屬的疾病名稱：鐵路腰（railway spine），這是指意外事故之後所造成的嚴重背痛症。

由此可見，當鐵路誕生於歐洲之後，很多時候令人感受到它的便利，但帶來的焦慮亦復不少。

當鐵路進入中國

當火車奔馳於 19 世紀歐洲的土地之際，世界另一邊的中國也開始了鐵路的建築事業。按照學者的分期，清末民初中國鐵路的興建，可以分為四個時期：一、甲午以前為嘗試時期。二、光緒 21 年至 29 年（1895-1903）為外資築路時期。三、光緒 30 年至宣統 2 年（1904-1910）為拒絕外資、中國自辦時期。四、辛亥之後為鐵路國有時期。中國鐵路的興建，初始於同治 4 年（1865），英國人在北京建立一條一里多長的小鐵路，引起當時民眾的驚慌與謠言，官方隨即下令拆除。再過十年，英商於同治 13 年（1874）請求建築吳淞鐵路，光緒元年（1875）開始動工，翌年正式通車。吳淞鐵路全長 14.5 公里，是中國第一條營業性質的鐵路。吳淞鐵路正式通車後，邀請當地華人免費試乘，並於《申報》上刊登中國第一份鐵路時刻表。

然而，吳淞鐵路的興建過程並不光彩，主因出自英商是以投機哄騙的方式，悄悄鋪設鐵路，這不但有違中英雙方的合約，更是直接挑戰清政府拒絕發展鐵路的立場。當時擔任上海地方長官的馮焌光對此立場強硬，直指英方違背萬國公法，甚至揚言若火車通行，不惜躺臥鐵軌之上，以身擋車。經過多次的交涉，吳淞鐵路通車 16 個月後，由清政府出資買回，交由

兩江總督沈葆楨收回拆除。吳淞鐵路拆除後的鐵路材料被運至臺灣，作為建設基隆至新竹鐵路的一部分材料。

重新思考清朝官員
反對修築鐵路的理由

大家可能會有疑問，清朝的官員馮焌光和沈葆楨有這麼愚昧嗎？難道不知道現代科技文明帶來的益處嗎？相反地，馮焌光和沈葆楨對於鐵路能夠為中國帶來的益處了然於心。他們之所以反對鐵路的理由，除了考慮到由外商修築，恐怕會侵害中國的主權之外，更多是跟歐洲反對鐵路的焦慮相同。為什麼一定要追求速度呢？有實質的效益，中國就一定要去爭取嗎？鐵路帶來的壟斷性效益，最終都是歸於政府，機器技術奪走了升斗小民賴以維生的飯碗，這不就形成了國家與民爭利的情況，這是不是有違傳統的儒家思想？

我們現在很難想像沒有捷運或高鐵的生活，會是何種景況？這是因為

近代中國鐵路發展分期

- 甲午戰爭以前
  嘗試期

- 光緒 21-29 年
  （1895-1903 年）
  外資築路期

- 光緒 30 年至宣統 2 年
  （1904-1910 年）
  中國自辦期

- 辛亥革命以後
  鐵路國有時期

鐵路、火車作為現代技術文明的產物，我們早就習以為常，認定它們是「現代性」的象徵。不過，吳淞鐵路的例子告訴我們，鐵路與現代性的關係並非一成不變，不是所有人都將鐵路視為是必然進步的現代性象徵，這是一段逐步建構發展的過程，有以致之的結果。另一方面，那些我們現在看似愚昧、落後、不夠進步的言論，這些百年前反對鐵路的意見，在時空、立場轉換後，反倒有可能變成我們反思「現代」的思想資源。

圖／出自維基百科

圖／出自維基百科

鐵路：作為「現代性」的象徵

19 世紀中葉，清朝政府開啟了「中體西用」的洋務運動，在此期間曾組織兩次關於鐵路問題的討論。第一次討論是在 1860 年代針對外人修建鐵路的倡議，清朝官員幾乎清一色持反對態度，理由在於國人對於鐵路認識不足，對外人的動機極為疑慮。第二次討論則源於 1880 年代劉銘傳上奏請求修建鐵路，掀起了所謂洋務派與守舊派之間的論辯。無論是鐵路的支持者或反對者，雙方都認識到鐵路的「速度」這一項特徵。「速度」改變了人們日常的時間感和空間感。

火車和鐵路帶來了新的時間表，既不是傳統中國的節慶時令，也不是生命活動的日常節奏，而是一種附屬於火車和鐵路的時間模式。新式的交通工具有固定的班次，要求乘客按照固定的時間去等候，標準時間成為近代的一種新尺度。吳淞鐵路運轉後的上海，因為火車的通行，旅客需要遵循一定的時刻表，鐘錶才開始盛行起

鐵路帶來的「現代性」

時間

火車時刻表帶來有別於節慶時令、生命活動的日常節奏

空間

空間的距離被不同的時刻所取代

法律

因應鐵路而制定新的規章，引入新的法律

來，因為人們需要時時刻刻地注意時間的運轉，才能在時刻表上標明的時間，準時抵達車站。在更廣泛的意義上，鐵路時刻表是作為現代性時間的前導，與之後的各式時間表一同創建了現代性時間制度的輪廓。鐵路時刻表上的各個站別，並不會標示 A 站到 B 站的距離，時刻表是將各個站別轉化成時間軸線中的各個分點，用來表示出發、中轉和目的地，空間上的距離被不同的時刻取代了。

1876 年，吳淞鐵路發生了第一起交通事故，火車撞死了一位穿越鐵路的行人。為了避免這樣的意外再次發生，政府開始訂定一系列關於鐵路的交通規章。上海地方長官馮焌光與英國領事共同商訂了鐵路的法律章程，並以布告的形式發布，要求所有人需一體遵行，不得違反。由此可以看出，作為機器的火車和鐵路，成為推進法律現代性的動力。現代科學於此成為建立新政治秩序的必要基礎。

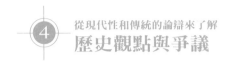

鐵路：作為「傳統」的破壞者

清朝政府初期對於發展鐵路的反對意見，主要集中在以下幾點。第一，在於疑懼外人的動機，擔心主權的喪失。當時的官員大多認為一旦興築鐵路，洋人就可以輕易跨越山川天險，直進中國的腹地。第二，中外地勢不同，無法比擬，修築鐵路，斷非易事。第三，火車速度極快，一旦脫軌，恐有傷人之虞。傳統的交通設施也無法與便捷的火車競爭，商民會因此遭受經濟上的損失。第四，修築鐵路耗資甚鉅，更會破壞民間的廬墓，容易開啟民眾的爭端，官民因而對立。這些反對意見一直延續到吳淞鐵路修成之後，聲音逐漸變小。反對鐵路者人數雖多，但抵不過現實上的需要，證明鐵路之建設已是勢在必行之事。

甲午一役之後，清朝政府簽訂《馬關條約》，維新派領袖康有為在光緒21年（1895）率領千餘名應試舉人發起「公車上書」，康有為力陳中國未來立國自強的根本大計，在於興建鐵路。清政府為了解決此次政權危機，便於光緒15年（1889）頒布上諭，

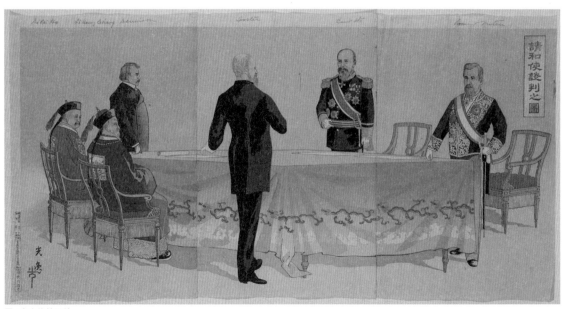

圖 / 出自維基百科

修築鐵路。除了康有為的推波助瀾，光緒 6 年（1880），劉銘傳奏請修築鐵路，李鴻章具奏支持劉銘傳的意見。此舉引起了多數官員的反對，其中最有力的意見是劉錫鴻所提出。劉錫鴻曾於光緒 3 年（1877）隨郭嵩燾出使英國，親身領略過火車和鐵路之便捷，卻是反對修建鐵路最力的官員之一。對於劉錫鴻來說，中國根本沒有像西方國家那樣修建鐵路的條件，因為中國沒有管理鐵路的公司、缺乏修築鐵路的資金以及中國沒有國際貿易，鐵路只能促進各省之間財貨的流通，並無法讓國家從整體上獲利。

更重要的是，劉錫鴻認為士大夫、知識分子的首要任務是「以道為本、以器為末」，行義而不逐利是最基本的倫理規範。因此，清政府需要的是一列名為「精神道德」的火車，強調「器物」性質的火車容易影響純樸的民風，貨物流通的便利性恐會令人心往奢侈的一方發展，並且將洋人和華人一視同仁，恐會造成民心的潰散。

圖／出自維基百科

近代中國支持與反對興建鐵路的不同論點

反對　缺乏興建鐵路的基礎，如資金、管理組織等

支持　重視鐵路的速度與便利

反對　應重視「精神道德」而非一昧追求「器物」

支持　擺脫列強，自立自強的根本

本堂要點
歷史的觀點與爭議

　　總體來說，近代中國關於鐵路正反意見的討論，大致上是以光緒初年作為分水嶺。光緒以前，清朝官員雖知火車和鐵路之利，但為了固守祖宗家法，在觀念上尚視鐵路為奇技淫巧，不足為取。光緒初年之後，對鐵路利益的認識，主要在於四端：國防之利、經濟之利、財政之利和社會文化之利。反對者的意見與贊成修築鐵路者的範圍相同，但切入的角度不同。舉例來說，李鴻章和丁日昌認為鐵路的國防之利在於調兵快速，如果內地的奸民作亂，政府可以迅速調兵鎮壓。反對者的意見則認為火車穿越山川天險，雖有助於調兵運餉，但一旦若入敵人之手，敵人正可趁鐵路之便利，長驅直入。從歷史的發展來看，清朝政府不但沒有因為修建鐵路而進入富強國家之林，反倒由於四川的保路運動，造成垮台的原因。當年反對修築鐵路的聲音，恰好言中了清朝最後的命運。

　　由李鴻章和劉錫鴻的例子，我們

正好可以看出「一種觀點、各自表述」的立場。李鴻章在 1860 年代環繞鐵路的第一次論爭當中，對於修築鐵路是抱持反對的態度，認為電線和鐵路都有害於中國。然而，再過 20 年，李鴻章在第二次關於鐵路的論爭當中，已經轉向支持的一方，認為建造鐵路，已經是刻不容緩的一件大事。劉錫鴻看中的是精神層面的火車，國家不能扮演與民爭利的角色。我們從這裡可以看出每項歷史觀點的背後，都帶有發言者自身的立場，沒有誰高誰低的分別。對歷史的觀點與爭議進行對錯的判斷，並不是一件容易的事。我們要做的是回到歷史的現場，思考當時的人為什麼會提出這樣的觀點，會進行這樣的論辯。

現代性從來不是所有人皆可擁有的現代性，我們要反思的是當有一群人擁有了「現代性」，進入了「現代」，是不是會有另一群人因此被犧牲，被篩選排除在「現代」之外？

隨文小測驗

一、 車路兩旁設有籬笆水溝，應在公路上開門，以便行人牛馬來往。

二、 公路上所開之門，以時啟閉，必須派人在門外晝夜看守；行車有一定時刻。未開行以前，必須將門關閉，車過方開；倘看守之人，偶不小心，車行以前，並未關門，以致行人闖入，車過不及躲避，即責成鐵路公司妥為查辦。

三、 公路上所開之門，因車行將過，業已關閉，倘行人來此定要闖進門內，可將此人抽送委員處，解回上海會審公署，從嚴懲責，看門人役不得私自毆打，滋生事端。

四、 車路兩旁，原有舊路可行，茲除公路所開各門，准行人來往外，其餘籬笆水溝以內，均不准行人闖進車路上行走，並牽牛馬闖進道上踐踏，違者扭送委員處懲責。

五、 車路發票收票處，由官派人查驗，除各人自帶行李零物外，不准攜帶各貨，偷漏稅捐；如有夾帶洋藥等貨，一經搜出，從嚴懲罰！差役人等亦不得與搭車人故意為難。

六、 停車房屋及車路全段，不准行人闖進糟踐，違者扭送委員處懲罰。

左側這段文字是馮焌光與英國領事在吳淞鐵路通車時簽訂的六條章程內容。請仔細閱讀後，試著回答以下問題：

1. 章程的內容是在規範／保護行人，還是規範／保護火車？

2. 如果是規範／保護行人，為什麼要這麼做？

3. 如果是規範／保護火車，為什麼要這麼做？

4. 請至全國法規資料庫搜尋今日的「鐵路行車規則」，並試著與一百多年前的鐵路章程進行比較，你認為這兩者間在規則制定上，有何思考上的相似或相異呢？請說明你的看法。

參考書目

1. 王樹槐，〈國人對興建鐵路的爭議（1859-1889）〉，《中央研究院近代史研究所集刊》第 15 期，1986 年 6 月，頁 299-318。

2. 李思逸，《鐵路現代性：晚清至民國的時空體驗與文化想像》（臺北：時報出版社，2020）。

3. 彼得・蓋伊（Peter Gay）著，梁永安譯，《史尼茨勒的世紀：布爾喬亞經驗一百年：一個階級的傳記 1815-1914》（新北：立緒文化，2004）。

4. 馬學斌，《汽笛嘶鳴半世紀：中國近代鐵路企業報刊史》（臺北：傳記文學，2020）。

5. 丹尼斯・古斯萊本（Denis Guthleben）著，哈雷譯，《原來 XX 是這樣被發明的：地球上 130 項從遠古到現代的驚人發明》（臺北：臺灣商務，2021）。

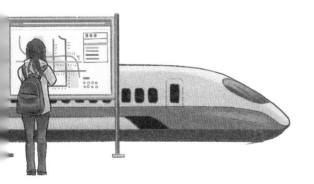

歷史建構的過程

史家揀選的過去

更遙遠的過去	事件發生的「可能原因」	曾發生的歷史事實	留下的訊息資料
【歐洲】科學革命以後，科技發展對新事物發明的刺激	蒸氣動力的發現與應用	火車作為 19 世紀初的重要發明，歷經多次改良	當時一位文人對鐵路留下的描述
	現代文明所帶來的生活轉變	1・19 世紀的歐洲中產階級飽受一項心理疾病所苦：「焦慮」 2・鐵路腰	1・當時代的醫師 2・狄更斯 3・左拉 4・威廉・華茲渥斯
【中國】18 世紀中葉以後，中國著手進行多項變法改革	對鐵路的認識不足	1876 年，吳淞鐵路發生了第一起交通事故	上海地方長官馮焌光與英國領事共同商訂了鐵路的法律章程
	1877 年吳淞鐵路的拆除	1887 年，臺灣開始建設第一條鐵路（基隆至新竹鐵路）	《申報》

史家依據「史料」對歷史事實的成因進行分析

面向過去尋求解答

史家對過去歷史的建構與詮釋

今日

歷史解釋

我們以為過去可能的樣子

問題意識

鐵路運輸成為 19 世紀最重要的技術發明之一，是工業革命關鍵的組成部分

鐵路運輸是「現代性」的重要表徵

START
2021 年臺鐵太魯閣號出軌事件背後反映了我們的交通運輸制度存在哪些問題？

火車所帶來的便利性也不全然是正面的形象，對愈來愈多的中產階級乃至於工人來說，鐵路將他們的居住地與原有的生活方式連根拔起，摧毀了原本的商業城鎮而造就了一些新的，這使得他們面臨失業和離鄉背井的焦慮

閱讀、理解與思考後

對今日生活的影響

由此可以看出，作為機器的火車和鐵路，成為推進法律現代性的動力。現代科學於此成為建立新政治秩序的必要基礎

現代性從來不是所有人皆可擁有的現代性，我們要反思的是當有一群人擁有了「現代性」，進入了「現代」，是不是有另一群人因此被犧牲，被篩選排除在「現代」之外？

在享受便利的現代生活之際，也應當注意伴隨而來的社會問題，而這樣便利的生活又會造成哪些群體生活的不便呢？

馮焌光和沈葆楨反對鐵路的理由，除了考慮到由外商修築，恐怕會侵害中國的主權之外，更多是跟歐洲反對鐵路的焦慮相同

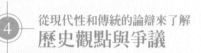

探究活動 A
歷史觀點比較

在第三堂裡，我們已經理解歷史學家是如何針對特定社會、文化現象，通過挖掘歷史資料，建立一套歷史解釋。在這一堂當中，我們則進一步發現，當歷史學家揀選來源與出處不同的史料、處於相異的時空環境條件下進行歷史的闡述，這些闡述會形成多元交錯的歷史觀點，有些相互辯證，有些則呈現對立。

接下來，請利用本堂正文，試著按照以下的指引步驟，練習如何藉由一手史料與二手研究，讓史料與他人論述來代替自己呈現多元並陳的歷史觀點。

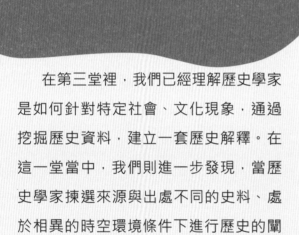

如何探究歷史敘述中的觀點與爭議

STEP 1 檢索研究主題

Note1 設定主題

Note2 擬關鍵詞

STEP 2 檢視相關研究

STEP 3 分析作者觀點

Note1 快速閱讀

了解作者研究的架構與內容

Note2 主動提問

1. 作者想解決的問題是什麼？
2. 作者如何敘述？
3. 論點是否合理？
4. 與我的研究主題有什麼關係？

Note1 問題意識

確定作者想解決的問題為何？

Note2 詮釋內容

列出關鍵字並重新詮釋作者主旨

Note3 評論研究

我對作者觀點持贊同或反對意見，理由為何？

Note1 尋找關聯

研究主題與多位作者之間的關聯

Note2 釐清多位作者間的爭議

爭議可能來自方法、觀點、材料的差異

Note3 分析討論

將爭議整理清楚後，融入個人觀點後，重新結構研究主題

STEP 4 釐清觀點爭議

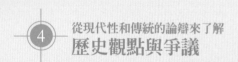

STEP 1

檢索文章研究主題

有意識地理解你所閱讀的一手史料與二手研究可以被分類在歷史學的何種研究領域？資料所涵蓋的時間範圍與區域空間為何？能不能用一個比較聚焦的主題或你較感興趣的面向來說明這份資料？

在閱讀完第四堂全文後，你認為本堂作者想說明與闡述的主題是什麼呢？

/Ans/

請你為第四堂正文擬定與主題相關的關鍵詞吧！（請至少試著列出 3 個）

/Ans/

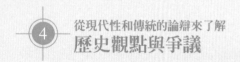

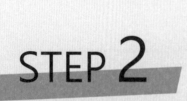

檢視相關研究

第四堂正文主要敘述的時空場景為19世紀的歐洲與20世紀初的中國，藉由不同條件背景下的人物來呈現對鐵路興建的正反討論意見。透過這場跨越時空的對話，我們窺見了在交通技術革新下，存在著邁向現代與擁抱傳統的交錯觀點，這正好說明了歷史其實是一個被各自表述的「過去」的集合。

在這個步驟裡，請你試著檢視本文作者引用了哪些資料或人物的想法，作為文中論點的證據，並試著將這些資料進行適當的分類，再透過提問方式與本文作者進行對話。

Q1 在第四堂正文中，作者透過引用、摘述、轉述等運用一手史料的方式，來釐清在鐵路興建這件事情上，捍衛傳統與迎向現代性這兩種觀點各自存在的脈絡為何。底下請你試著在文章中，找出最能代表這兩種觀點的資料吧！

19世紀的歐洲

捍衛傳統的理由
/Ans/

邁向現代的思考
/Ans/

20世紀初的中國

捍衛傳統的理由
/Ans/

邁向現代的思考
/Ans/

Q2 請利用下方表格，試著記錄在你閱讀第四堂正文的當下與閱讀之後，想對作者或針對主題進行的提問，你也可以試著以自問自答方式，引用文章中的句子來回答問題。（若你的問題無法在文章中得到明確答案，別急著刪除，請先讓它空下來。）

提問參考	本文可以提供的答案	我自己的延伸思考
When： 事件發生在什麼時候？		
What： 發生了什麼事？		
Where： 事件發生在何地？		
Who： 參與事件的人物有哪些？		
Whom： 受事件影響的人會是 什麼樣的人？		
Why： 為什麼會發生這件事？		
關於這個事件我想知道 _____		
關於這個事件我想知道 _____		

STEP 3

分析作者觀點

在這個步驟中，首先要確定作者想解決的問題是什麼，並且試著用自己的話語來簡短摘要作者的問題意識。接著在作者的研究中，找到對應作者問題意識與觀點的句子，試著檢視這些論述是否能有效回應並解決作者最初的提問。

再來是由自己的角度出發，針對文章所陳述的觀點與對歷史的詮釋，表達出自己對作者的觀點持贊同或反對意見，並說明理由。底下將請各位先透過對一手史料與二手研究的分析，展開這個步驟的練習吧！

Q1 請仔細閱讀下列兩則資料後，試著說明與分析這兩則史料分別是在表達鐵路帶來的是現代性的便利，或是傳統被破壞的焦慮。

資料一：19 世紀鐵路問世之際，有位女演員芬妮·甘伯（Fanny Kemble）在完成自己第一趟火車之旅後說：

「這一頭氣呼呼的小野獸讓人想要伸手拍拍牠，安撫牠的怒氣。牠一路以絕快的速度向前衝，每小時三十五哩，快過鳥兒拍動雙翼。你絕難想像我們竟切穿空氣，整個動作順暢無比。我既無法閱讀，也無法書寫；當我站立時，頭上的軟帽飲足了迎面而來的空氣。當我閉上雙眼，飛行的感覺竟是如此輕巧欣喜，並且難以形容地奇特。即便如此奇特，我卻覺得非常安全，沒有絲毫恐懼。」

資料來源：威廉·伯恩斯坦（William Bernstein）著，黃逸華、陳儀譯，《投資金律：建立獲利投資組合的四大關鍵和十四個關卡》（臺北：臉譜，2016），頁 202。

資料二：1865 年，英國商人杜蘭德（Durand）為了向清政府宣傳鐵路的優越性，在北京宣武門外自資修建了長 0.5 公里的一段純屬展覽的鐵路。後人對此事件留下一段紀錄：「英人杜蘭德於同治乙丑七月，以長可里許之小鐵路一條，敷於京師永寧門外之平地，以小汽車駛其上，迅疾如飛，京人詫為妖物。旋經步軍統領飭令拆卸，群疑始息。自是而後，遂有淞滬鐵路矣。」（備註：淞滬鐵路就是本堂正文所談到的吳淞鐵路。）

資料來源：徐珂，〈小汽車〉《清稗類鈔》，中國哲學書電子化計劃（https://ctext.org/wiki.pl?if=gb&chapter=295834#p149），檢索時間為 2021 年 7 月 17 日。

	資料所述面對 新式交通運輸系統 （鐵路） 反映之態度	我的判斷理由與依據
資料一		
資料二		

Q2 前述兩種面對鐵路進入現代生活的態度，你較關注哪一層面的影響呢？你認為鐵路會帶來現代性的便利，抑或同樣感受到傳統被破壞的焦慮呢？請你試著利用以下二手研究搜尋平台，查找與此主題相關的其他研究，並選擇上述兩種觀點(鐵路帶來現代性的便利、鐵路破壞了慣常的生活秩序)至少一種來深入探究。此外，若你在【Step2】的提問中，有無法獲得解決的提問，也可以利用這些二手研究搜尋系統，來尋找答案喔！

搜尋關鍵字：鐵路、火車、現代性		搜尋平台	與我的觀點與立場相似的研究
		故事 StoryStudio https://storystudio.tw/	
	國家圖書館	臺灣博碩士論文知識加值系統 https://ndltd.ncl.edu.tw/cgi-bin/ gs32/gsweb.cgi?o=d	
		臺灣期刊論文索引系統 https://www.ncl.edu.tw/ information_237_726.html	

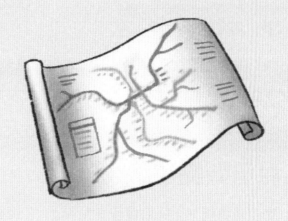

	與我的觀點與立場 相左的研究

STEP 4

釐清觀點爭議

在前項步驟中，我們慢慢會發現，個別單一的作者及其研究內容並非我們所關注的真正重點。當我們開始著手對一項主題進行探究時，與我真正所關心的主題具關聯性的討論，才是閱讀與分析的重點。以本堂正文為例，當我們以「近代中國鐵路發展及其現代性表現」為探究主題時，那麼有關19世紀鐵路如何在歐洲被發明廣泛運用到工業、旅遊等關聯產業的後續發展狀況，就非我們所直接關注的焦點了。

但假如我們所探究的題目為「近代東西方在鐵路事業上的發展及其現代性」，我們就必須以較宏觀的視野，透過尋找關聯、相互比較等方式來呈現東西方在此鐵路發展上的相似與相異之處。因此，當我們想進一步釐清觀點爭議時，就必須謹慎地確認所欲探究的主題究竟為何，並且釐清不同觀點與立場間的因果關係，以免引據失當而模糊焦點。

Q 試著利用自己在【STEP3】所搜尋到的二手研究，依據與你觀點或立場相似與相左的研究內容，有層次地組織不同研究中的論點，以脈絡化的方式讓作者們代替你來說明觀點並且釐清爭議，以增加你在這些觀點上的信度與力度。

① **陳列觀點**

1-1 與我的觀點或立場相似的
研究及其論點：
/Ans/

1-2 與我的觀點或立場相左的研究及其論點：
/Ans/

1-3 其他具關聯性的研究及其論點：
/Ans/

② **有層次且脈絡化的排列這些論點的順序**

2-1 與我的觀點或立場相似的研究及其論點：
/Ans/

2-2 與我的觀點或立場相左的研究及其論點：
/Ans/

2-3 其他具關聯性的研究及其論點：
/Ans/

③ **使用自己的語言和字彙說出論點後，引用前述兩種以上立場的研究論點作為佐證**

3-1 我的觀點與立場是：
/Ans/

3-3 我想辯駁的論點是：
/Ans/

3-2 支持我的論點是：
/Ans/

④ **將前項 3-1 至 3-3 的內容，有條理且合邏輯地整合後提出說明**

關於鐵路作為現代性象徵的這項議題，我認為......
/Ans/

探究活動 B

臺灣鐵路發展史中的現代性及其挑戰

如何運用二手研究

運用時機

TIME1

支持我的研究觀點

TIME2

與作者對話，
對作者的研究觀點
進行商榷

在活動 A 當中，我們試著透過有層次且按部就班地方式，進行主題研究的檢視與分析，並進一步發現歷史觀點與爭議的存在。這些爭議觀點有時直接來自歷史現場裡的人物，有時則出於後世對相關歷史人事進行研究後所產生的分歧。因此，當我們試圖建立多重觀點，呈現爭議藉以陳述歷史事實與真相時，不僅要釐清多筆史料間的關聯，也需適切地引用二手研究來與多位作者的觀點進行商榷，或者讓作者們為我所提出的觀點進行辯護。

底下，請延續第四堂正文的討論，在理解了 19 世紀歐洲與近代中國面對鐵路興建時的期待與焦慮後，讓我們將歷史場景轉往近代以後的臺灣。利用臺灣歷史博物館、國家鐵道博物館、臺灣博物館鐵道園區與臺灣文學館等單位的典藏、出版品與數位資源，並綜合第四堂活動 A 所建議之二手研究搜尋系統，查找出多元觀點下的臺灣鐵路發展史，交錯比較後，引用這些史料與二手研究，進一步形成自己的看法。

運用方式

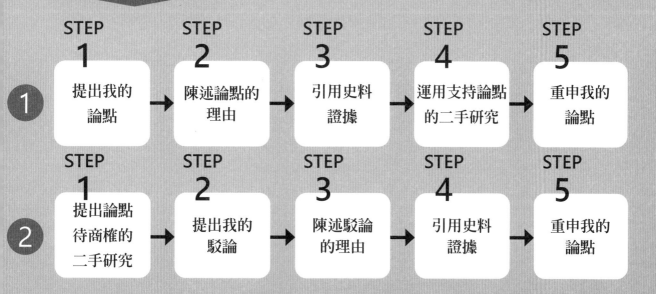

1

STEP 1	STEP 2	STEP 3	STEP 4	STEP 5
提出我的論點	陳述論點的理由	引用史料證據	運用支持論點的二手研究	重申我的論點

2

STEP 1	STEP 2	STEP 3	STEP 4	STEP 5
提出論點待商榷的二手研究	提出我的駁論	陳述駁論的理由	引用史料證據	重申我的論點

STEP 1

檢索文章研究主題

首先，你必須有意識地理解你所感興趣
的主題可以被分類在歷史學的何種研究
領域？資料所涵蓋的時間範圍與區域空
間為何？請試著設定一個比較聚焦的主
題或你較感興趣的面向來展開這個練習
活動。

你想說明與闡述的主題是什麼呢？

/Ans/

為你即將展開的資料檢索行動，擬定與主題相關的關鍵詞吧！

（請至少試著列出 3 個）

/Ans/

STEP 2
檢視相關研究

請你試著利用資料庫與二手研究搜尋系統檢索資料，完成後檢視資料裡的訊息與你研究主題的關聯，並將這些資料依據性質與觀點加以分類和整理，再透過提問方式與這些歷史資料進行對話，讓你的問題意識慢慢聚焦。

● 建議使用的歷史資料庫 ●

主題	問題意識	搜尋關鍵字	搜尋平台		與現代性意涵相關的資料
自訂主題：建議方向：臺灣鐵路發展史中的現代性及其挑戰		自訂搜尋關鍵字：搜尋關鍵字：鐵路、火車、現代性	臺灣歷史博物館	典藏網 https://collections.nmth.gov.tw/index.aspx	
				臺灣史數位資源整合入口網 https://taiwanindex.nmth.gov.tw/	
			臺灣博物館	典藏資源檢索系統—歷史類 https://collections.culture.tw/ntm_cms/	
			國家鐵道博物館籌備處	鐵道典藏 https://www.nrm.gov.tw/vehiclelist?uid=128	
			臺灣文學館	文物典藏查詢系統 https://collections.culture.tw/nmtl_collectionsweb/	
				電子資源整合查詢系統 https://crosearch.nmtl.gov.tw/#/	

若你的問題無法在你所蒐集的資料中得到明確答案，別急著刪除，請修改關鍵字後再進行一次資料搜尋與蒐集！

能作為挑戰現代性意涵的資料	其他關聯資料

● 建議使用的二手研究搜尋系統與平台 ●

主題	問題意識	搜尋關鍵字	搜尋平台		與現代性意涵相關的資料
自訂主題：建議方向：臺灣鐵路發展史中的現代性及其挑戰	自訂主題	自訂搜尋關鍵字：搜尋關鍵字：鐵路、火車、現代性	臺灣歷史博物館	《歷史臺灣》https://www.nmth.gov.tw/publicationlist?uid=171	
				《觀·臺灣》https://www.nmth.gov.tw/publicationlist?uid=175	
			國家鐵道博物館籌備處	鐵道典藏 https://www.nrm.gov.tw/vehiclelist?uid=128	
			故事	https://storystudio.tw/	
			國家圖書館	臺灣博碩士論文知識加值系統 https://ndltd.ncl.edu.tw/cgi-bin/gs32/gsweb.cgi?o=d	
				臺灣期刊論文索引系統 https://www.ncl.edu.tw/information_237_726.html	

能作為挑戰現代性意涵的資料	其他關聯資料

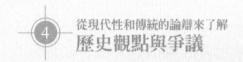

● 建議的提問內容 ●

歷史學家其實沒有辦法窮盡其力地去蒐集與事件相關的「全部」資料，底下表格是為了協助我們去檢視所蒐集的資料是否已經齊全，足以形成論述，這並不表示每一個問題都一定有一個明確答案喔！

提問參考	已蒐集的資料可提供的答案與觀點
When： 事件發生在什麼時候？	□ 是 / □ 否 / □ 有相關資料，但訊息不夠明確
What： 發生了什麼事？	□ 是 / □ 否 / □ 有相關資料，但訊息不夠明確
Where： 事件發生在何地？	□ 是 / □ 否 / □ 有相關資料，但訊息不夠明確
Who： 參與事件的人物有哪些？	□ 是 / □ 否 / □ 有相關資料，但訊息不夠明確
Whom： 受事件影響的人會是 什麼樣的人？	□ 是 / □ 否 / □ 有相關資料，但訊息不夠明確
Why： 為什麼會發生這件事？	□ 是 / □ 否 / □ 有相關資料，但訊息不夠明確
關於這個事件我想知道 ＿＿＿＿＿＿＿＿＿	□ 是 / □ 否 / □ 有相關資料，但訊息不夠明確
關於這個事件我想知道 ＿＿＿＿＿＿＿＿＿	□ 是 / □ 否 / □ 有相關資料，但訊息不夠明確

STEP 3
分析作者觀點

請於前述史料與二手研究中，找到對應自己問題意識與觀點的句子，試著檢視這些論述是否能解決最初的提問，並作為提問解答的支持，又或者藉由資料引導自己發現新的問題。

提問參考	已蒐集的資料 可提供的答案與觀點	我的延伸思考與發現
When： 事件發生在什麼時候？		
What： 發生了什麼事？		
Where： 事件發生在何地？		
Who： 參與事件的人物有哪些？		
Whom： 受事件影響的人會是 什麼樣的人？		
Why： 為什麼會發生這件事？		
關於這個事件我想知道 _____		
關於這個事件我想知道 _____		

STEP 4

釐清觀點爭議

在這個步驟中，首先必須再次檢視自己的問題意識是否與所探究的主題相呼應，並試著用自己的話語來闡述問題意識。（如果你發現最初的問題意識沒辦法在已蒐集的資料中得到解答，且進行多次不同關鍵詞的搜尋，依舊沒有進展。那麼，請試著修改問題意識，或者調整題目的設定後，再重新檢視一次資料，以便順利完成這個步驟。）

接著，綜合所蒐集的歷史資料，由個人觀點出發，引用與自己意見相似的史料與研究做為論證依據，或針對與自己意見相左的資料，提出駁論，並敘述理由。

① **聚焦問題意識**

1-1 我的探究主題：
/Ans/

1-2 我的問題意識：
/Ans/

1-3 我的主要觀點：
/Ans/

② **陳列歷史資料的觀點**

2-1 與我的觀點或立場相似的研究及其論點：
/Ans/

2-2 與我的觀點或立場相左的研究及其論點：
/Ans/

2-3 其他具關聯性的研究及其論點：
/Ans/

③ 有層次且脈絡化的排列這些論點的順序

3-1 與我的觀點或立場相似的研究及其論點：
/Ans/

3-2 與我的觀點或立場相左的研究及其論點：
/Ans/

3-3 其他具關聯性的研究及其論點：
/Ans/

④

使用自己的語言和字彙說出論點後，引用前述兩種以上立場的研究論點作為佐證

4-1 我的觀點與立場是：
/Ans/

4-3 我想辯駁的論點是：
/Ans/

4-2 支持我的論點是：
/Ans/

將前項 4-1 至 4-3 的內容，有條理且合邏輯地整合後提出說明

⑤

關於鐵路作為現代性象徵的這項議題，我認為......
/Ans/

如何探究歷史敘述中的觀點與爭議

STEP 1
檢索研究主題

Note1 設定主題　鐵路運輸中的現代性及其反面討論

Note2 擬關鍵詞　交通運輸、鐵路、火車、時間、現代性

STEP 2
檢視相關研究

Note1 快速閱讀
1. 當鐵路誕生於歐洲
2. 當鐵路進入中國
3. 鐵路：作為「現代性」的象徵
4. 鐵路：作為「傳統」的破壞者

Note2 主動提問
Whem：事件發生在什麼時候？
Where：事件發生在何地？
What：　發生了什麼事？
Who：　參與事件的人有哪些？
Whom：受事件影響的人會是什麼樣的人？
Why：　為什麼會發生這件事？

STEP
3
分析作者
觀點

Note1 問題意識

1.當鐵路第一次出現在人們的視野時，是否真如我們現在感受的一樣正面？

2.作為「現代性」表徵的鐵路，在「現代性」反面的討論是什麼？

Note2 詮釋內容

近代中國關於興建鐵路討論，存在正反兩面意見的爭論

Note3 評論研究

本文作者認為鐵路作為現代性表徵的同時，也破壞了傳統秩序

Note1 尋找關聯

生活於現代的我們，是否忽略了被排除在「現代」之外的群體？

STEP
4
釐清觀點
爭議

Note2 釐清多位作者間的爭議

對歷史的觀點與爭議進行對錯的判斷並不容易

Note3 分析討論

我們要做的是回到歷史的現場，思考當時的人為什麼會提出這樣的觀點，會進行這樣的辯論

從 史家如何寫歷史
來了解
作品的構思與產出

　　不同提問角度、方式，會引領讀者看到不一樣
的歷史場景。史家如何選擇觀察角度、擬定何種問
題，就會影響他想蒐集的史料，進而建構特定的
歷史解釋。透過介紹歷史書寫之複雜與不確定的特
性，進一步思考是否該以定論角度來審視、期待歷
史？大寫的歷史是否存在？該如何面對當代社會的
歷史爭議？又該採取何種心態、立場，投入歷史研
究，書寫自己對過去世界的看法和意見。

我們正活在一個從未如此沈迷於歷史的時代，但同時也是一個對歷史真相深感焦慮的時代。當代新文化史研究的掌旗者杭特（Lynn Hunt），在2018年出版的小書《歷史學為什麼重要》（*History: Why it Matters*）中，如是說道。

人們有多著迷於歷史呢？杭特指出，政客依違於歷史事實，各說各話甚至撒謊；各種社會團體，圍繞著不同歷史事件紀念碑產生爭論和衝突；政府官員試圖掌控歷史教科書的內容和書寫走向；各種「真相委員會」更

是在全球各地激增與設置。關於歷史爭議事件、各種紀念碑、主題博物館乃至於教科書的論辯，切實反映著人們對「過去」的萬千焦慮。

這些爭議進而凸顯一個問題：一門研究「過去」的學科知識，歷史學家所書寫的，是否能直接視同為「真相」？歷史學的真確性，究竟該如何確立？抑有進者，假若，以上兩者的答案皆為「否」或「不確定」，那我們為什麼還需要歷史學？

杭特描寫的場景，也在當代臺灣社會上演。環顧四周，因歷史引起的

爭議同是遍及了教科書、各種委員會、紀念碑甚至是博物館設置和展覽內容規劃，人們同樣為了歷史而倍感焦慮。在這些激烈論辯的背後，其實清楚可見得，人們深深相信某些關於過去的描述，是所謂「真相」。

換句話說，這些歷史爭議的生成，往往是因為人們相信，針對某件發生在過去的事件，或是某個生活在特定時空環境的人物，我們只能得出單一版本的說法、認識和解釋。於此，這種「真相僅有一種」的想法，自然製造了許多環繞著「過去」的論辯和衝突。

然而，歷史是否真為如此？我們對於過去所發生的事情，是否只能得出單一的結論？若為如此，那一部定論性質的歷史，是否有天終能問世？本堂作為全書總結，將一面帶著讀者理解，歷史作品被書寫成文、產出的過程與幾個值得討論的環節。甚者，我們更希望在描寫歷史書寫過程之外，進一步說明歷史學知識運作的方式、性質與特殊意義。

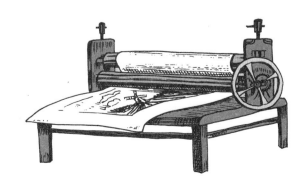

歷史寫作是思考過去的方式

就歷史學而言，寫作和思考是密不可分的兩個環節，當我們嘗試書寫一段特定的過去，往往也得反覆思考，這段歷史究竟是以何種方式運作，經歷哪些變化後得以何種面貌呈現在我們面前？而時間的差距，有無影響我們認識和理解這段歷史？其實，歷史寫作就是一種思考過去的方式，特別是環繞著過去和現在之間的問題。

有英國作家說道「過去是一個異邦」，認為當代人可能完全無法理解，歷史上的人們為什麼是以這樣或那樣的方式生活。反之，亦有人認為，過去雖是異邦，但人的行為模式卻未因時間推移而有顯著改變。兩種說法凸顯了，人們對於過去和現在間存有何種聯繫、如何相互影響，始終感到疑惑。也就是這股好奇心，推促我們不斷對過去提問，進而書寫歷史。

思考過去與現在的差距

思考歷史時，最重要的第一步就是，意識到過去和現在之間的可能差距。生活在不同時空環境的人，確實看來有些許不同，但或許並非本質上的差異。譬如本書第一堂討論的社群媒體，就指出「製造、傳遞和搜集各式訊息」這件事情，是長存於歷史長河中，只是不同時代的形式和實踐方法各有差別。無論如何，帶著時間的眼光來審視日常生活，即能發掘事物現在呈現於眼前的樣貌，並非那般理所當然。

世界萬物之所以為現在這個樣子，必定歷經時間的淘洗，過程中受到哪些因素影響、經過哪些變化，這些都是在我們意識到過去和現在的距離後，才可能浮現的問題。這種意識

時間之作用和影響的方法，就是要做到「去熟悉化」的程度。唯有將眼見所及的日常變得陌生，我們才可能進而追問事物的由來與經過。而當我們心中開始浮現各式的「為什麼？」那就意味著我們正開始學習，像史家一樣的思考了。

歷史經驗是不可再現的

下一步，就是嘗試在時間長河中，捕捉、描寫和評估歷史經驗。這部分就牽涉到歷史經驗不可再現的特性，這是這門學科知識的特殊處，也是史家每每得面對的難題。

過去的人是如何思考，何以行事？這些問題，史家無法如科學家般，

who

將個別人物、事件放入實驗室裡反覆操作、演練，以為求得一個最精確且可反覆檢證的數值，作為解答。史家無法窮盡所有資料，完整而無有缺漏地排列歷史圖像，並推測後果與影響。

再者，每個人的生活經驗是獨特且唯一的，即便當代社會復刻了非常相似的模式，在本質和細節上仍可能微有差異。試圖完全重現歷史經驗的想法，就像小孩不斷轉動萬花筒，嘗試想見到前次圖案般，是那樣的不可能。這種特性，增添了史家觀察與解讀歷史時的困難。

最主要的問題在於，歷史學要求我們，一方面運用日常生活的思考模式，另方面則要試圖去理解與我們生活經驗全然不同的行為與觀念。這樣一來，史家該如何向過去提問，才不致於產生時代偏誤甚或嚴重誤解，就是另個值得思考的問題。

5 個 W 的問題

現在我們來到提問的階段，這是歷史寫作很重要的步驟。以「問題」為導向的歷史研究，是現代歷史學的特性。大學歷史系的學生常會聽到老師說「你報告的問題是什麼？」碩、博士生則會在大綱口試或是論文答辯時，遇到委員提問「你的問題與前人的差異、突破性在哪？」任何形式的歷史寫作，都為如此。作者要在主題明確的框架下，向讀者說明過去特定事件的來龍去脈和可能影響與意義。而史家的主題，多半會以「問題」形式呈現。

歷史學家很像新聞記者，為了追索真相會陸續拋出許多問題。發生了什麼事情？事件過程中有「誰」參與、介入或從旁影響？事件發生的時間和先後經歷為何？在哪個地方發生？有無蔓延、擴及其他地點？不同空間有無彼此影響、串連的可能？通常，史家還會圍繞著事件的前因後果，試圖追問「為什麼？」「事件何以如此？」

what when where why

如何訓練歷史的思維

找出現在與過去的差異
⬇
思考如何正確理解過去
⬇
提出問題來建立問題意識

上述五個問題,通稱為5個W,「何人」、「何事」、「何時」、「何處」與「為什麼」(Who、What、When、Where、Why)。

史家展開寫作前,必須預先擬定問題,它會引領作者從人物、事件、時間、地點或因果關係的角度切入,而這5個問題多半是交互出現在寫作過程中。這也意味著,史家是穿梭於不同角度、面向,來思考與描寫某段特定的歷史經驗。可以這麼說,史家得擁有清晰的歷史思維,在意識過去與現在的差距和關聯上,構思一個或多個前人未曾想過、引人興味或省思的問題,進而探求那些陌生的人物、行為與觀念。

155

寫作一則關於過去的真實故事

讀者翻開歷史書籍，他總是期待接下來讀到的，會是一則接一則生動有趣的故事，而且還要是真實的故事。事實也是如此。史家寫作歷史時，多半會希望能將自己選擇的主題，說成一個有趣的故事。更重要的是，歷史學者也會自信地向讀者說，我們所書寫的是一個真實的故事。

史料證據的真實性

歷史的故事是環繞著過去發生事件展開，作者欲解開自己提出的問題，就必須運用各種歷史資料——亦即「史料」——它們是過去人活動所遺留的各種遺跡。就如本書描寫「衛生」的章節，呈現了史家藉著書籍文本和口罩、衛生餐檯這類物質史料，重建「衛生」觀念、行為形成和變化的歷史進程。

史料大致可分為文字和非文字的部分。也就是說，人類遺存的各式書冊，其所乘載的文論、思想、觀念，與物質材料諸如建築、圖畫、雕刻、相片、電影以及各種物件，皆為歷史學家據以觀察和描述過去世界的素材。就也是我們會以「真實的故事」來比擬歷史寫作的緣由。

所謂的「真實」，是指史家奠基於史料證據基礎上說話，而非天馬行空地想像與編織過去。所以，許多史家是將自己和文學家區隔開來。文學家可以自行創造時空環境、角色特性，勾畫事情經歷、發展與故事結局；但史家所講的一字一句，都受限於史料講述的內容，史料沒有說的部分，我們往往僅能揣想和猜測。就像新聞記者寫作專題報導需要各種素材，史家經過搜集所得之史料，就是幫助我們辨析與確認人物、事件、地點、時間和因果關係的證據，進而拼湊過去世界的可能樣貌。於此，我們可以說，史家依據史料證據寫出文字，都是史家嘗試挖掘過去真相的各種嘗試。

史料證據的限制

　　但是，歷史學者也很明白，他們所宣稱的「真實」其實是複雜、矛盾、相對的，必須打上引號說明。因為，史家和研究對象——過去的世界——始終隔著一層時間的薄紗，我們無法親臨現場，重建過去的始末經歷和細節。史家賴以為藉的，僅有歷史現場遺留的各類史料，它使我們得以撐起「真實」的大旗，卻也讓我們得時刻提心吊膽，擔心史料可能對我們開一些小玩笑，甚或是撒謊。

　　這就涉及了史料特性的問題。史料雖然是史家描述和評價歷史的主要依據，但它往往也帶來許多問題。第一，史料總是不完整、不連續且有缺漏的。這個意思是，歷史學者不可能窮盡所有的相關資料，雖然老前輩總說「上窮碧落下黃泉」，但「動手動腳」的結果，卻不太可能尋得所有史料。第二，史料是過去人所製造的，它並非如實地記載與說明，而是帶有自己的立場、角度來描述與詮釋，甚

至是在記憶可能歪曲和錯誤的情況下，生產一則則史料。兩者合起來讓史家意識到，手上作為證據的史料，其實都可能僅是冰山的一角，且其宣稱的「真實」和「正確性」，更可能因製造者立場偏頗或記憶錯漏，宛如破碎的融冰般，逐漸消解於眼前。這讓我們在重建歷史現場時，得時刻意識到，總有一些失落或無法肯認的環節，是無法補足的。

史家與歷史解釋

這更進一步牽涉了史家與歷史解釋的問題。它是因著上述史料之缺陷而生，引致我們慎重考慮歷史學者可能發揮的作用。換個角度說，假若史料都是完好無缺、毫無偏頗的，史家很可能就沒有過多的事情可做了！史家的作用，和我們以「故事」來比擬歷史寫作有關。

故事總可以有許多版本，不同的情節安排，與可變的結局。換一個人來說故事，往往可以引領讀者看見相異的結局。史家與歷史解釋就為如此。針對同樣的歷史事件，不同的歷史學者可能採取相異角度，擬定不一樣的

問題。有人偏好考究事件中人物的行為和思想觀念，有人特別關心事件本身的經過、發展和結果，當然也有學者喜好循空間角度，追索地理和歷史事件發展的關聯性。

作者對某些問題的偏重，就決定了你書寫這則故事的方向和取徑。更重要的是，面對史料的可能缺陷和偏誤，史家在做歷史解釋時，亦得特別留意，自己所建立的說法，可能只能解釋某個面向的經驗，而非概括整段過去。這也是為什麼，同一個歷史人物、事件或思想觀念，可以吸引這麼多人投入研究、書寫，也生產了如此多的作品，彼此觀點、論述不同，競相爭論著所謂「歷史的真相」。就如本書「牛仔褲」的章節，是作者預先設定好，要採取全球歷史的視野，盡

可能結合物質文化和政治、經濟與社會文化之互動的解度來書寫，才能呈現這樣的歷史場景。「鐵路」那堂，則讓讀者看見，同是作為現代性象徵的鐵路，在歐洲和中國就會引起許多不同角度的意見或爭議。而史家的角色和作為，即是讓讀者看見這般歷史爭議是何以出現的。

歷史的多元觀點

歷史學家

➡ 提出多方問題意識

➡ 運用多種形式的歷史資料

➡ 形成多重脈絡的歷史解釋

➡ 構築相互交鋒的觀點爭議

定論、大寫的歷史？多線、小寫的歷史？

現在，我們知道了所謂「真實的故事」，其實是反映著史學研究中，史料特性和史家做歷史解釋的複雜歷程。史家無法重回歷史現場探索，亦無法地毯式搜索與審問每一則史料，以求取所有線索和細節。史料不會自己說話，而是歷史學者的特定提問，幫助它向現在的我們，說明當時發生了什麼事情；而這過程卻又不是絕對公正無誤的。有學者認為，歷史書寫就像是在「猜測」，這意味著這門知識的不確定性。史家秉持著「真實」的信念，總是希望盡可能蒐集史料，歸納分析，從而將事情往完全正確的方向推測。但是，材料有缺陷、有特定立場和可能的錯漏，導致史家也可能讀錯、曲解甚至是誤解；這樣來看，史家其實總是在以「自己的方式」將

事情搞錯。也就是說,當我們擬定問題,開始蒐集資料,進行比較分析和推論的這一長串過程,某種程度上是在接近歷史的真實,但也可能正在偏離,過去真正發生過的事情。

讀到這裡,讀者可以想想,本堂開頭提出關於歷史真相、定論歷史的疑問。既然歷史寫作總是存有不確定性,在這個充滿歷史爭議的時代,我們還能繼續相信那些,始終堅稱自己筆下的歷史是所謂真相,進而執此掀起諸多政治、社會和文化波瀾的人與說法嗎?

更甚者,我們還應該思考,歷史寫作的不確定性,該如何幫助我們面對當代因歷史問題所掀起的多種爭論?我們該執著於追求定論、大寫的歷史?還是尋求小寫、多線複雜的歷史,以求取接近真相的可能呢?

以寫作來跨出你的第一步

寫作是當代歷史學發展最重要的「技藝」（craft）之一，「寫歷史」這件事情，已然成為歷史學者針對特定議題陳述己見，最重要的手法與能力。寫作確實倍具壓力，卻又是推進我們思考和斟酌材料內容、意涵、排比其時序關聯、雕琢文字和組建論述，進而形成歷史解釋的動力。某種程度上，不將自己對歷史的思考書寫成文，你的想法將不會有達致成熟、完滿的一天。

最後，讓我再以杭特的想法為本堂作結。這是她寫於 2010 年的一篇短文〈寫作如何引導思考？〉（How Writing Leads Thinking？），旨在討論寫作和思考的關係。憑著杭特豐富的學術寫作經驗，她指出這兩個看似分開的行動，其實是密切相關的。杭特說道，很多論文裡的想法，並不是預先架構成形，而是在我們書寫成文過程中，慢慢生成的。這句話的意思

是，當我們寫下一段想法後，很可能會觸發一些未曾思索過的事物，引導作者產生其他想法或觀念。寫作的過程，將會使原本尚屬模糊、未成熟的思想更加具體化。也就是說，書寫即是賦予這些零散想法一副堅實的形體、軀殼，引其延伸、觸及新的方向。

寫作引導思考，書寫歷史也確實引領史家從不同面向來思考歷史問題。杭特文末寫道：「我們並非生來就擅於書寫，而是通過訓練，才得成為一位作家。」同樣的，也少有人是天生的歷史學家。要成為一位史家，多半需要經過嚴格縝密的訓練，方可達致。其中，歷史寫作就是重要環節。這裡的歷史寫作，讀者往往會想像成狹義的，最後書寫成文的產出階段。但本堂想要說明的是，書寫的階段其實包含許多步驟，牽涉到史家考慮歷史問題的方方面面。誠如本書所呈現的，歷史資料——歷史解釋——形成觀

點──作品產出，這過程所需要的每個步驟，都是我們開始將自己關於歷史課題的想法嘗試形諸成文後，才會陸續遇到的環節。換言之，唯有通過書寫這個過程，我們才會真的開始思考過去、想像歷史。

讀者諸君，若想踏入歷史學知識的殿堂，請現在就拿起你的筆，開始紀錄你對於特定政治、社會、經濟、文化現象的任何觀察，請不要放棄你從觀察中形成的每個疑問，它可能會是得以展開探究的歷史問題。請去搜集可資利用的相關材料，在經過閱讀、理解和歸納材料內容特點後，嘗試寫下第一個句子；第一個你依據材料所形成的想法，就請以文句來呈現。它會是你的起點，它會為你帶來後續的許多句子、段落，讓你的諸多想法，能逐漸架構為堅實的歷史解釋和觀點。每一位史家，都是這樣跨出他們的第一步。

成為歷史學家的起點：寫作

開始寫作

➡ 思考問題意識

➡ 搜尋歷史資料

➡ 歸納歷史解釋

➡ 建立歷史觀點

➡ 產出作品

本堂要點
史家與書寫歷史

　　本堂作為全書總結，希望向讀者呈現歷史寫作的過程和幾項要點，這是歷史學作品產出的必經環節。「歷史寫作是思考過去的方式」，我們討論了歷史思維的作用和重要性，説明必須意識到過去與現在之間的距離，提示讀者注意時間可能帶來的變化和影響。進而，我們展示了五個歷史提問的角度，它是現代歷史學的基礎方法，可以幫助讀者理解，不同提問角度、方式，會引領他看到不一樣的歷史場景。在「寫作一則關於過去的真實故事」，本堂運用「真實的故事」這個譬喻，比擬歷史寫作的複雜過程，並帶出史料、史家和歷史解釋的相互關係。這裡難度較高，但最主要想呈現的是，史家如何選擇觀察角度、擬定何種問題，就會影響他想蒐集的史料，進而建構特定的歷史解釋。透過介紹歷史書寫之複雜與不確定的特性，我們也想進一步呼應本堂一開始提出的疑問，是否該以定論角度來審視、期待歷史？大寫的歷史是否存在？以引導讀者思考，究竟該如何面對當代社會的歷史爭議？自己又該採取何種心態、立場，投入歷史研究，書寫自己對過去世界的看法和意見。

參考書目

1. 布洛克（Marc Bloc）著，周婉窈譯，康樂校訂，《史家的技藝》（臺北：遠流出版社，2020）。

2. 約翰·阿諾德（John h. Arnold）著，李里峰譯，《歷史學》（香港：牛津大學出版社，2016）。

3. 瑪格蕾特·麥克米蘭（Margaret MacMillan）著，鄭佩嵐譯，《歷史的運用與濫用》（臺北：麥田出版，2018）。

4. 理查·馬里厄斯（Richard Marius）、梅爾文·佩吉（Mel Page）著，黃煜文譯，《如何寫歷史》（臺北：五南圖書，2010）。

5. 林·杭特（Lynn Hunt）著，李果譯，《歷史學為什麼重要》（北京：北京大學出版社，2020）。

Marc Bloch 布洛克
The Historian's Craft
史家的技藝
周婉窈 譯　康樂 校訂

在歷史研究裡，一如在其他地方，原因是不能事先設定的，我們得去尋找……

探究活動：
製作歷史

讓歷史思維成為生活中
不可或缺的心智模式

你是否有過期末考時，為自己臨時抱佛腳的態度感到懊悔？又或者因為一句無心的惡言，傷害至親與所愛的人而到沮喪？當這樣的狀況發生，我們總是不停地追問自己到底哪裡做錯了？又或者習慣於逃避痛苦的時刻。我們總盼望擁有一種能力，帶我們回到某個時間節點或記憶裡的場景，如果一切能夠重來，如果選擇可以改變，我——曾經犯下錯誤的那個我——也許能有更好的現在。當你在

日常的生活裡，使用了上述這些思路，並且會對自己犯下的過錯進行事後的檢討，找出問題的近因、癥結點甚至根本原因。那麼，你其實已經具有初步的歷史思維能力了！

歷史思維即是一種對過去發生的事進行探討，追查出事件發生的各種可能，並試圖提供人們以具有脈絡的方式來理解複雜過去的思考模式。它能幫助我們對過去發生的現象進行解

釋，從經驗出發去預測未來，以使我們現在能做出合理的決定。許多看似與歷史毫不相關，但反覆出現的思考概念，其實正透露出歷史思維與我們的日常生活緊密聯繫。我們總是不經意地回想著過去的處事經驗，或者任由過去的行為與選擇影響今日的自己，卻從未為自己發生的過去寫下片段歷史。然而，在今日大數據的時代，一旦 GOOGLE 跟 Facebook 比你還了解你自己，你的網路搜尋痕跡、各式消費紀錄，你在網路世界與現實生活中的過去，就可能在你不知情之下成為大企業撰寫消費者歷史的一部分。儘管我們無法真的從過去經驗來掌握全部的未來，但至少能成為自己人生的導航員，而非讓推播數據左右我們的判斷。假如你不想讓自己被未來淘汰，就請試著為過去寫下歷史吧！

問題不在「如何開始」，而是不知道「如何完成」

你曾試著在學期開始規劃英文精進計畫嗎？你為獲取在公司升遷機會訂定過年度業績目標嗎？又或者總是不斷告訴自己明天得重新開始減重與運動。大多數時刻，我們總在開始時想得太

探究活動

STEP **1**

提出
問題意識

STEP **2**

蒐集
資料 **+** 閱讀、整理
與分析
歷史資料

STEP **3**

擬定
初步題目
與大綱

多，在計畫中途逃避檢視進度與成果，最終讓這些美好的開始不了了之。翻開人生的學習歷程與工作藍圖，在校園裡、職場中，我們有許多機會學習「如何開始」，但能「堅持完成」的目標又有多少呢？歷史寫作的訓練也是如此。你是否興味盎然地閱讀本書前言與文章，對即將展開歷史探究充滿雄心壯志，卻在進入本堂課時開始裹足不前呢？

本堂的學習重點就是在幫助各位透過步驟化的引導，學習如何開始進行歷史寫作，並且相信自己能堅持完成。歷史的學習也許沒有一套標準作業流程與固定方法，但我們仍能從中找到這個學科的思維概念與心智模式。趁著「現在」還未成為「過去」，就請你提起筆為「未來」的自己展開行動吧！

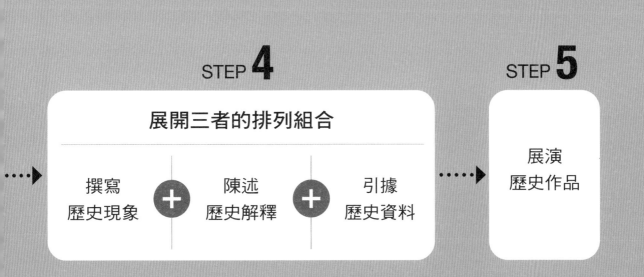

STEP **1**

提出問題意識

　　問題意識是引發你進行歷史探究的目的與動機，同時也是探究的「起點」，能幫助自己建立展開寫作行動的方向。如果你閱讀完本書前四堂內容，卻還沒有辦法明確掌握自己想對什麼議題提出問題意識，底下的步驟將會協助你找到初步的探究方向。

1.

請寫下你在閱讀完本書後所想得到的具體事物（至少 ABC 三項），如火車、時間、鐵道、口罩等；也可延伸思考與本書議題相關聯的其他具體事物，如口紅、疫苗、飛機等。

A　　B　　C

2.

確認這些具體事物（**ABC**）的集合關係，試著讓他們彼此之間形成一個或多個抽象的概念元素，如火車、時間、鐵道→現代交通制度。

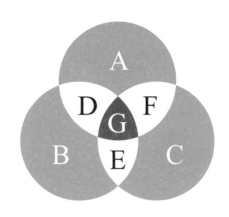

3.

從所得出的集合（**DEFG**）當中，延伸思考可作為問題意識主題的概念元素，如火車、時間、鐵道→現代交通制度→現代化的交通設施與制度對人類生活的影響。

可從較小概念
開始構思

亦可從大方向
概念出發，視
資料蒐集狀況
再慢慢聚焦縮
小範圍

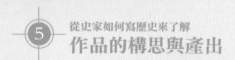
4.

統整可作為問題意識的概念元素後，試著以此概念元素為主題，
發想與設計提問。

具體事物			A	B	C
提問設計	範圍較小的概念元素	D			
		E			
		F			
	範圍較大的概念元素	G			

5.

選擇其中一個你較感興趣的提問設計作為問題意識，
並列出與此問題意識相關的關鍵詞。

```
主題與問題意識
```

關鍵詞 1	關鍵詞 2	關鍵詞 3

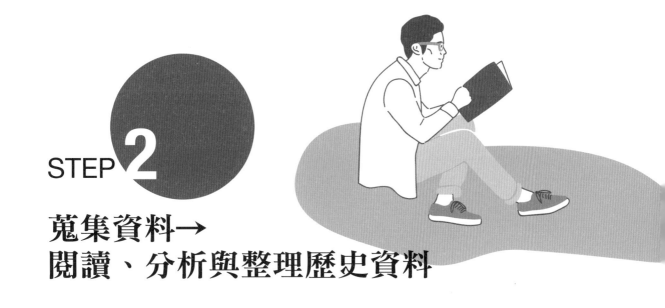

STEP 2

蒐集資料→
閱讀、分析與整理歷史資料

1 搜尋　利用【Step1】關鍵詞,參考本書建議的史料與二手研究搜尋系統,進行相應資料的蒐集。

2 記錄　記下資料的出處與核心資訊每筆資料都應記錄包括以下資訊:「作者」(與譯者)、「書名」(如果有具體的資料要記錄,則應加上篇名或期刊文章題目)、「出版資訊」(書籍的出版社與網路資料的網址)、出版日期(或者獲取網路資料的日期)。一開始記錄資料,務必確認出處與出版資訊,若你已掌握寫作時需遵循的註釋與書目格式規範,則可提前於此步驟依規定記錄,如此可以為自己在正式書寫與修改時,省下不少時間喔!

3 擷取　為每筆史料或二手研究記下簡短摘要與關鍵詞,以利日後引用時能快速查找。

4 分析　在閱讀每筆史料與二手研究時,能於資料中尋找到與自己探究主題關聯之處,並對該資料進行延伸思考與分析,這將有助你在下一步驟形成觀點時,能更聚焦於問題意識。若你所搜尋的這筆資料沒辦法達成這個目標,那麼可以選擇暫時略過這筆資料,因為該筆資料在你接下來展開觀點論證時,成為論據的可能性較低。

5 區分　我們在提問時，很容易將史料或二手研究論點，誤植為自己的論述。因此，在記錄史料與二手研究資訊時，務必區分資料裡的概念與自己的想法。你可以用「→」來表達閱讀完資料後，產生哪些自己書寫的內容；也可以將抄錄自史料或二手研究的內容，放進「」裡，來提醒自己，哪些是資料原文。

問題意識			
主題關鍵詞			
資料核心資訊	資料關鍵詞	摘要	分析／觀點
1 作者： 書名： 出版資訊： 出版日期：			
2 作者： 書名： 出版資訊： 出版日期：			
3 作者： 書名： 出版資訊： 出版日期：			

6 **檢視** 利用下列 **7W3H** 的提問來協助檢視所蒐集的資料是否齊全，足以形成論述。提問請扣緊問題意識來進行，每個問題也不一定都有一個明確答案，但若所蒐集資料與提問答案不足以形成歷史現象或論述的說明，就請修改關鍵詞或問題意識，以便進行第二次歷史資料蒐集。別害怕重新開始，不斷地蒐集可用資料，是歷史學工作者從事歷史書寫時的必經之路喔！

提問參考	已蒐集的可以提供的答案
When：事件發生在什麼時候？	☐ 是　☐ 否 ☐ 有相關資料，但訊息不夠明確
What：發生了什麼事？	☐ 是　☐ 否 ☐ 有相關資料，但訊息不夠明確
Where：事件發生在何地？	☐ 是　☐ 否 ☐ 有相關資料，但訊息不夠明確
Who：參與事件的人物有哪些？	☐ 是　☐ 否 ☐ 有相關資料，但訊息不夠明確
Whom：受事件影響的人會是什麼樣的人？	☐ 是　☐ 否 ☐ 有相關資料，但訊息不夠明確
Why：為什麼會發生這件事？	☐ 是　☐ 否 ☐ 有相關資料，但訊息不夠明確
Which：選擇何者？哪一個？	☐ 是　☐ 否 ☐ 有相關資料，但訊息不夠明確
How：如何？方法？手段？	☐ 是　☐ 否 ☐ 有相關資料，但訊息不夠明確
How many：多少？（數量）	☐ 是　☐ 否 ☐ 有相關資料，但訊息不夠明確
How much：多少（金額、費用）	☐ 是　☐ 否 ☐ 有相關資料，但訊息不夠明確
關於這個主題我想知道 ＿＿＿＿＿＿＿＿	☐ 是　☐ 否 ☐ 有相關資料，但訊息不夠明確

於前述史料與二手研究中，找到對應自己問題意識與觀點的句子，試著檢視這些論述是否能回應最初所提出的問題意識，並作為提問解答的支持，又或者藉由資料引導自己發現新的問題。

提問參考	已蒐集的資料可提供的答案與觀點	我的延伸思考與發現
When：事件發生在什麼時候？		
What：發生了什麼事？		
Where：事件發生在何地？		
Who：參與事件的人物有哪些？		
Whom：受事件影響的人會是什麼樣的人？		
Why：為什麼會發生這件事？		
Which：選擇何者？哪一個？		
How：如何？方法？手段？		
How many：多少？（數量）		
How much：多少（金額、費用）		
關於這個主題我想知道 _____		

STEP 3

擬定初步題目與大綱

　　在開始正式寫作前先擬定題目，將有助於往後展開寫作時，能聚焦於一定的範圍使論述核心明確；而經過巧思構想的大綱，則能使寫作時更快速地組織觀點與結構，同時讓讀者清楚掌握論點的層次。初次進行歷史寫作時，往往會在擬定題目與大綱上感到茫然。若你也在這個步驟中覺得毫無頭緒，可以回到【Step1】中憶起你找尋問題意識的初衷，並且檢視【Step2】所蒐集的材料是否充足，同時衡量你的寫作時間。藉由以上原則來協助你評估與判斷題目的可行性。以下三個例子可作為你擬定題目範圍大小時的對照參考：

範例題目❶：現代性對人類日常生活的影響

分　　析： 題目涵蓋範圍廣，需掌握相當程度的史料與二手研究，才能充分論證，且現代性的意涵龐雜而人類日常生活多元，在擬定大綱上容易模糊焦點，對初次進行歷史寫作者而言不易達成。

範例題目❷：**現代性對人類日常生活的影響──以近代歐洲為例**

分　　析：較範例 1 範圍略為限縮，但歐洲仍屬一個廣大範圍，且不同區域在現代性上發展不一，也因氣候與歷史陳因而有著多元生活模式，對初次進行歷史寫作者而言仍不易達成。

範例題目❸：**日治時期臺灣鐵路運輸發展與修學旅行的關係**

分　　析：從交通與教育兩者的交集出發，談論鐵路建設與學校體制所構築而成的現代性，對日治時期臺灣學生乃至臺灣人將造成何種影響，相較前述題目焦點集中。

　　值得注意的是，擬定題目雖是為協助我們聚焦問題方向，也需保持題目本身的彈性，視寫作與材料的狀況而即時修改。大部分的歷史寫作者都會在全文完成後，再次修改自己的題目，以使文、題之間更為契合。題目產生後，我們接著就利用以下引導來完成大綱撰寫吧！

1 **自由書寫**

將【Step2】當中對史料與二手研究的閱讀與分析所產生的觀點與概念，自由地書寫下來。這個步驟的重點在隨意、快速且大量的記下腦中一閃而過的論述，目的是讓我們所擁有的「個人觀點」，都能被呈現出來，以便後續整理。

觀點與概念 1：	觀點與概念 2：	觀點與概念 3：
觀點與概念 4：	主題：＿＿＿＿＿＿＿ 初步題目：＿＿＿＿＿ ＿＿＿＿＿＿＿＿＿＿ ＿＿＿＿＿＿＿＿＿＿	觀點與概念 5：
觀點與概念 6：	觀點與概念 7：	觀點與概念 8：

② **篩選過濾**　檢視前述所發想的觀點與概念，保留與主題最為相關且證據充足的項目，同時檢視觀點與概念是否已足夠回應【Step1】的問題意識，若有不足則請新增。

觀點與概念 1：	觀點與概念 2：	觀點與概念 3：
觀點與概念 4：	主題：＿＿＿＿＿＿ 初步題目：＿＿＿＿ ＿＿＿＿＿＿＿＿＿ ＿＿＿＿＿＿＿＿＿	觀點與概念 5：
觀點與概念 6：	觀點與概念 7：	觀點與概念 8：

3 觀點延伸 在每一項被保留的觀點與概念下，填入該觀點與概念的延伸思考或説明解釋。

觀點與概念 1：	觀點與概念 2：	觀點與概念 3：
說明解釋：	說明解釋：	說明解釋：

觀點與概念 4：	主題：＿＿＿＿＿＿＿ 初步題目：＿＿＿＿ ＿＿＿＿＿＿＿＿＿ ＿＿＿＿＿＿＿＿＿	觀點與概念 5：
說明解釋：		說明解釋：

觀點與概念 6：	觀點與概念 7：	觀點與概念 8：
說明解釋：	說明解釋：	說明解釋：

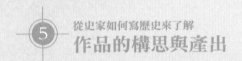

④ 組織排列 將前述的觀點與概念及說明與解釋,進行合邏輯的順序排列,以利組織大綱並按部就班地進行書寫。排列的方式與寫作的風格和主題關係極為密切。你可以依據你感興趣的寫作風格或視主題內容,選擇下列其中一種模組來當作為練習。

a. 敘事型:以描寫事件為主

觀點與概念的 排列依據	對應我的 觀點與概念	延伸思考 與說明解釋
事件發生的背景與開始		
事件經過的轉變與原因		
事件的結束或後續發展		
事件對今日的影響情況		

b. 記人型:以敘述人物為主

觀點與概念的 排列依據	對應我的 觀點與概念	延伸思考 與說明解釋
主要人物的時代背景介紹		
主要人物經歷與遭遇的描寫		
主要人物對其生命經歷的感 覺與發現		
主要人物面對其經歷與遭遇 所展開的具體行動		
主要人物的思想、行動對後 世與今日的影響		

c. 論說型：著重闡述歷史解釋

觀點與概念的 排列依據	對應我的 觀點與概念	延伸思考 與說明解釋
歷史現象或事件的描寫		
提出對此現象或歷史事件的 初步分析與解釋		
提出對此現象或歷史事件的 深入分析與解釋		
提出此現象或歷史事件出現 的綜合分析與解釋		
說明此現象或歷史事件對今 日的影響情況		

d. 駁論型：著重釐清觀點爭議

觀點與概念的 排列依據	對應我的 觀點與概念	延伸思考 與說明解釋
歷史現象或事件的描寫		
說明過去對此歷史現象與事 件的研究論點及其論述不足 之處		
對前述觀點提出說明理由		
陳述自己的觀點並說明理由		
綜合分析與解釋		

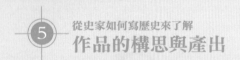
5 形成大綱

完成前述所選擇的模組後，修整「對應的觀點與概念」的字句形成大綱主要條目，修整「延伸思考與說明解釋」形成細目。

題目	初步題目：	備用題目：
大綱	一、	
	1	
	2	
	3	
	二、	
	1	
	2	
	3	
	三、	
	1	
	2	
	3	
	結論	

STEP 4

撰寫歷史現象＋
陳述歷史解釋＋
引據歷史資料

　　在這個步驟，我們除了依據【Step3】的寫作模組與大綱，展開正式的歷史書寫之外，還需在寫作中，為相應的章節安排可說明理由的證據，並且增添對歷史場景與事件細節的描寫來強化閱讀時的臨場感。在寫作的同時，也需時刻注意我們的論述是否聚焦在題目上、論點是否層次清楚分明、論據是否充分有力、當與他人觀點分歧時，我們是否能釐清爭議並且提出駁論來對議題進行多元觀點的詮釋。

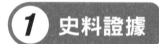 **1 史料證據**　為觀點與概念陳述具體理由並提出論據。

a. **敘事型**：以描寫事件為主

觀點與概念的排列依據	對應我的觀點與概念	延伸思考與說明解釋	相應的史料和二手研究
事件發生的背景與開始			
事件經過的轉變與原因			
事件的結束或後續發展			
事件對今日的影響情況			

b. **記人型**：以敘述人物為主

觀點與概念的排列依據	對應我的觀點與概念	延伸思考與說明解釋	相應的史料和二手研究
主要人物的時代背景介紹			
主要人物經歷與遭遇的描寫			
主要人物對其生命經歷的感覺與發現			
主要人物面對其經歷與遭遇所展開的具體行動			
主要人物的思想、行動對後世與今日的影響			

c. 論說型：著重闡述歷史解釋

觀點與概念的 排列依據	對應我的 觀點與概念	延伸思考 與說明解釋	相應的史料 和二手研究
歷史現象或事件的描寫			
提出對此現象或歷史事件的 初步分析與解釋			
提出對此現象或歷史事件的 深入分析與解釋			
提出此現象或歷史事件出現 的綜合分析與解釋			
說明此現象或歷史事件對今 日的影響情況			

d. 駁論型：著重釐清觀點爭議

觀點與概念的 排列依據	對應我的 觀點與概念	延伸思考 與說明解釋	相應的史料 和二手研究
歷史現象或事件的描寫			
說明過去對此歷史現象與事 件的研究論點及其論述不足 之處			
對前述觀點提出說明理由			
陳述自己的觀點並說明理由			
綜合分析與解釋			

2 展開書寫　根據前述觀點與論據對應基礎，於初步大綱中展開正式書寫，若第一次從事歷史寫作，確實很困難一氣呵成地行文，可試著為每個大綱進行 150 字的試寫，或者為每個綱目先寫下起頭。不要擔心自己為何總是不斷地刪除重來、句句斟酌，幾乎所有的歷史寫作者都會反覆修改他們的文章。

初步題目			
概念層次		大綱	文章試寫
	一、		
	1		
	2		
	3		
	二、		
	1		
	2		
	3		
	三、		
	1		
	2		
	3		
	結論		

3 修整綱目 全文完成後，請反覆檢視文章概念與內容是否題目、大綱契合，在這個步驟中，修整綱目後，為全文確認新的關鍵詞與簡短摘要，以便讀者能透過這些訊息，快速掌握全文主旨。

正式題目		
摘要		
新的關鍵詞		
大綱	一、	
	1	
	2	
	3	
	二、	
	1	
	2	
	3	
	三、	
	1	
	2	
	3	
	結論	

STEP 5
展演歷史作品

這個步驟目的在進行前述歷史探究後的知識轉化，你可以依據你的觀眾群來決定怎麼轉化你的探究內容，市面上有非常多相關書籍，協助我們將知識透過圖像或改寫的方式，轉化為歷史普及文章、簡報、海報、文宣品甚至以戲劇或說唱方式來呈現。右側是你可以參考的相關作品：

製作歷史

STEP 1
提出
問題意識

STEP 2
蒐集
資料
╋
閱讀、整理
與分析
歷史資料

STEP 3
擬定
初步題目
與大綱

引發探究的目的與動機，作為「起點」能幫助自己建立展開寫作行動的方向

閱讀史料與二手研究的原則：
① 記下資料的出處與核心資訊
② 利用關鍵詞協助日後搜尋
③ 發現歷史資料的問題
④ 閱讀的同時記下延伸思考
⑤ 區分資料裡的概念與自己的想法

題目與大綱依據：
① 個人興趣
② 寫作時間
③ 材料充足

題目與大綱有助：
① 聚焦寫作的範圍
② 保持修改的彈性
③ 組織觀點與論據

參考書目

1. 小牟田哲彥著，李彥樺譯，《大日本帝國時期的海外鐵道：從臺灣、朝鮮、滿洲、樺太到南洋群島》（新北：臺灣商務，2020）。

2. 奧古斯丁・塞奇威克（Augustine Sedgewick）著，盧相如譯，《咖啡帝國：勞動、剝削與資本主義，一部全球貿易下的咖啡上癮史》（新北：臺灣商務，2021）。

1／

2／

STEP **4**

STEP **5**

展開三者的排列組合

撰寫
歷史現象
+
陳述
歷史解釋
+
引據
歷史資料

展演
歷史作品

歷史寫作術：
① 為大綱中的章節構思
　解釋論點與理由
② 為相應的章節安排可
　說明理由的證據
③ 增添歷史場景與事件
　細節來強化臨場感

檢視初稿：
① 論文是否聚焦在題目上
② 是否清楚陳述論點
③ 是否掌握有利論據
④ 當與他人觀點分歧時，
　是否釐清爭議

知識轉化：
史普文章
海報
簡報

國家圖書館出版品預行編目 (CIP) 資料

歷史學的探究與實作操作手冊 / 陳建守, 韓承樺, 張育甄,
萬雅筑著 . -- 初版 . -- 新北市 : 臺灣商務印書館股份有
限公司 , 2021.09
　　面；　公分
ISBN 978-957-05-3344-6(平裝)

1. 歷史教育 2. 中等教育

524.34　　　　　　　　　　　　　　　110010307

歷史學的探究與實作操作手冊

作　　　者　陳建守、韓承樺、張育甄、萬雅筑
發 行 人　王春申
選書顧問　林桶法、陳建守
總 編 輯　張曉蕊
責任編輯　徐鉞
封面設計　兒日設計
內文排版　Julia、黃淑華
插　　　畫　湧新設計公司－NaNa Artworks

行銷組長　張家舜
業務組長　何思頓
出版發行　臺灣商務印書館股份有限公司
231023 新北市新店區民權路 108-3 號 5 樓（同門市地址）
電話：(02)8667-3712
傳真：(02)8667-3709
讀者服務專線：0800056193
郵撥：0000165-1
E-mail：ecptw@cptw.com.tw
網路書店網址：www.cptw.com.tw
Facebook：facebook.com.tw/ecptw

局版北市業字第 993 號
初版一刷：2021 年 09 月
印刷廠：鴻霖印刷傳媒股份有限公司
定價：新台幣 630 元
法律顧問—何一芃律師事務